En la prisión de Siberia

YOANN BARBEREAU

EN LA PRISIÓN DE SIBERIA

LA HISTORIA REAL DE UNA ÉPICA HUIDA DE LAS CÁRCELES RUSAS

Traducción de
Elena González García

PRINCIPAL

Primera edición: noviembre de 2020
Título original: *Dans les geôles de Sibérie*

Diseño de cubierta: Taller de los Libros
Imagen de cubierta: Anton Starikov | Shutterstock
Corrección: Cristina Riera Carro

Publicado por Principal de los Libros
C/ Aragó, 287, 2.º 1.ª
08009, Barcelona
info@principaldeloslibros.com
www.principaldeloslibros.com

ISBN: 978-84-18216-08-4
THEMA: DNXR
Depósito Legal: B 19749-2020
Preimpresión: Taller de los Libros
Impresión y encuadernación: Black Print
Impreso en España — *Printed in Spain*

A los prisioneros.
A los locos.
A los que me defendieron.
A los lobos y a los golomyankas.

I

Preludio

El síndrome del Baikal

Hay un canto, conocido en toda Rusia, que plasma los pensamientos de un fugitivo. Ha escapado de las balas y ha escapado de las criaturas del bosque. Surca las aguas de un vasto lago sobre un barril. Y comienza como un culto pagano:

«¡Oh, glorioso mar! ¡Oh, sagrado Baikal!».

Los susurros taladran mi mente de cautivo.

Oigo una voz que dice: «Él no lo sabe, sin embargo, aquel que no ha sentido el mordisco del hielo en la piel no es más que la sombra de un hombre».

La sentencia es un tanto firme, dura en cierto modo, tajante. Pronunciada por los labios de Alexandre aquel día, no podía ser más cierta. Era como un eco. Nos encontrábamos en la orilla del lago, en una cabaña que podría haber sido el escenario de una película. Temperatura exterior: –41 °C. La estufa nos ayudaba a entrar en calor. Yo estaba empapado de sudor.

También estaba en forma. Viktor me sirvió un poco de vodka en un vaso de plata del que se sentía tremendamente orgulloso. Alexandre no quiso acompañarme. En la cabaña había troncos cuidadosamente apilados junto a la estufa, algunas chispas, olía a madera y a pescado, y había vasitos de plata y la ventana, que nos cautivaba. Atrapados entre los acantilados, el bosque y el lago helado, saboreábamos una suerte de felicidad en mitad de la nada; sin carreteras y ni un alma que viviera a menos de diez horas a pie. Recuerdo que el frío salió en la conversación. La piel de Alexandre estaba enrojecida, pero de debajo de su barba entrecana brotaban frases claras. Todavía las oigo desde un rincón de mi celda.

«Experimentar el frío extremo supone un desafío. Es una prueba de lo que un hombre sabe sobre su propio ser».

Estábamos listos. Habíamos devorado los últimos trozos de pescado ahumado y nos dirigimos hacia el lago. Tres decididos *mujiks** sobre la capa de hielo del Baikal. El cielo era de un color azul penetrante y la luz era perfecta. Todo contribuía a la teatralidad de nuestra expedición. Los vasitos de plata también aportaban dramatismo, sin duda.

Pero sobre todo, destacaba el lago.

En Siberia, cuando hay la suficiente humedad y la temperatura es muy baja, se aprecia en el aire una especie de polvo de diamante. El vapor de agua que nos rodea, normalmente invisible, se transforma en una infinidad de cristales de hielo. El mundo centellea. Algo se abre y quiere envolvernos.

En ocasiones, la lengua también cristaliza. Llamémoslo el síndrome del Baikal. Las palabras se evaporan y, poco a poco, tornan sólidas como el hielo. Este fenómeno se advierte en cualquier sitio, a cualquier hora. Ahí reside su sadismo. El hielo se apodera de todas las latitudes. Escogemos abrirnos paso a través de él o esquivarlo, pero todos somos algún día marionetas del lago Baikal. Eso quiero creer.

Caminábamos sobre el lago, con nuestros cuerpos a su merced, estremecidos por la risa y por el sonido de un tambor que obtuve de un amigo chamán. Bailábamos,

* Siervo o campesino ruso.

yo tocaba. Con la mano izquierda sujetaba el instrumento ceremonial —una piel de cabra cosida sobre una base de madera de alerce— y, con la derecha, una maza adornada con piel de lobo. Junto a la orilla se distinguía el fondo rocoso a quizá diez o incluso veinte metros por debajo de nuestros pies; más adelante, el hielo perdía su nitidez prodigiosa, la escena se enturbiaba y pronto no era más que un conjunto de grietas entrelazadas sobre un fondo tenebroso, salpicado de columnas de burbujas blancas e inmóviles. De vez en cuando, se oían estruendos sordos, como borborigmos insaciables y maliciosos que nos recordaban que allí, justo debajo, había una gran masa intransigente a la que nuestros movimientos podían enfurecer.

—¡La pista de patinaje más grande del mundo! —gritó Viktor, deslizándose sobre un pie.

Una pista de patinaje del tamaño de Bélgica, había leído en alguna parte. Estábamos prácticamente solos, alejados del ruido del mundo. Al final, llegamos al agujero. Viktor lo había abierto aquella misma mañana con la ayuda de una motosierra. Por capricho, lo había hecho a más de un kilómetro de la orilla; y por una cuestión de belleza, de sentimiento y de tradición, había esculpido una cruz ortodoxa en el hielo. La había colocado allí, junto al agujero.

Cuando las palabras estaban a punto de quedar atrapadas en la escarcha; cuando, en aquel mismo instante, atisbé el centelleo de un millar de cristales de hielo en el aire y, también en ese mismo momento, cuando advertí que se formaba alrededor de las caras de mis compañeros una especie de halo, e incluso, digamos, una evidente aureola, lo comprendí. El lugar nos daba su consentimiento, el lago nos dispensaba su bendición. Era probable que nos devorara al cabo de un minuto, pero, durante esos segundos, el histrionismo había encontrado su lugar en el icono sagrado. Eso decían las pocas palabras que brotaron antes del gran silencio helado. Todos estamos locos, de alguna manera.

Era un 19 de enero.

Como cada año, por toda Rusia se celebraba el bautismo de Jesús en el río Jordán, para lo cual se perforaba con esmero el hielo de ríos y lagos y uno sumergía el cuerpo entero tres veces para purificarse, para renacer inmaculado. Había autoridades espirituales que pasaban desapercibidas mientras advertían, desde hacía años, de que estos rituales no eran más que necedades, herejías, paganismo y, en el peor de los casos, brujería. Sin embargo, los propios popes bendecían por su propio pie las aguas y se amontonaban alrededor de los agujeros, junto a socorristas y organizadores. Algunos lo desaprobaban, pero sin demasiado entusiasmo. La Iglesia alimentaba la duda, algunos fanáticos defendían con fervor la *tradición* y otros la conservaban en calidad de hazaña atlética, de modo que, en esa multitud indomable de sacrílegos, acróbatas, deportistas y creyentes, todos ignoraban si se sumergían como el más ortodoxo de los ortodoxos o como la más hereje de las bestias. Y así estaba bien.

A nuestra manera, nosotros también participábamos en la fiesta, lejos del gentío. Viktor adoptó una actitud seria, casi ceremoniosa. Se desvistió y se persignó.

—Venga, despacio, id con cuidado de no resbalar por debajo del hielo. Si eso pasa, será muy complicado encontrar la salida...

Entró en el agua y la boca y el rostro se le deformaron en una mueca de sorpresa absoluta. Se sumergió tres veces y se santiguó.

—¡Sal ya! —gritó Alexandre—. ¡No seas estúpido! En este lago, tu esperanza de vida se cuenta por minutos.

Viktor salió del agua.

—Qué exagerado eres, uno no se muere tan rápido; al menos, yo no.

—Se te caerían los dedos en menos de diez minutos.

Un médico al que un día pregunté al respecto estimó que los más fuertes podían aspirar a sobrevivir una hora, como mucho.

Alexandre se desvistió, se sumergió y esbozó una mueca. Salió a la superficie de nuevo. Gritó: había visto a un águila imperial surcar el cielo. Era imposible en aquella época del año. Se lo dijimos. Pero él la había visto. Llegó mi turno. Imité a mis compañeros. El agua a 0 °C es tan solo un primer paso, una introducción. Salir del agujero entraña el verdadero desafío. El pequeño termómetro que Viktor llevaba consigo marcaba –44 °C.

El frío común y el frío glacial son cosas completamente diferentes. A Viktor le encantaba este tema, tenía su propia teoría. Se resume de la siguiente manera: la ferocidad, la inclemencia y la crudeza extrema son potestad del frío glacial. Es cierto que existe un frío *moderado,* con el que la humanidad está generalmente familiarizada, pero todo cambia a partir de –12 °C. Ahí ya podemos hablar de un frío *considerable.* A –25 °C, el frío se vuelve *intenso,* uno nota los cristales de hielo en las fosas nasales. Podemos considerarlo *severo* o incluso *cruel* alrededor de los –35 °C, cuando corta y quema la piel. El frío realmente *extremo* surge a –44 °C, y con él, otra manera de respirar.

–44 °C. Salgo del agujero.

Por un segundo, noto que se me forman cristalitos de hielo en los hombros. Tengo los pies y sus respectivos dedos como piedras, apenas conectados al resto del cuerpo. En el rabillo del ojo, las lágrimas vacilan; pasan de líquidas a sólidas en un vaivén infinito. Los dedos están paralizados. La sangre ha huido hacia los órganos vitales. Soy incapaz de ponerme la ropa; los pantalones y los calcetines se me escapan de las manos. La escena es bastante cómica y hermosa a la vez. Llamo a Alexandre para que me asista. Me embarga una formidable descarga de adrenalina. Entro en calor. No me salen las palabras; quizá se han quedado en el hielo, en el fondo del lago o en cualquier otro lugar. No importa. Que les den a las palabras. El camino de vuelta lo hacemos correteando. La luz es perfecta y nos reímos con ganas mientras nuestra alegría se desliza sobre el lago helado.

El mundo era simple. Tenía frente a mí una humanidad cálida y diminuta que me caldeaba el corazón.

Había venido a Siberia buscando esto. Eso creía.

II

La detención

La primera vez que leí a Solzhenitsyn fue en casa de mi abuelo. El *Archipiélago Gulag* estaba entre sus libros de historia; yo tenía veinte años y había ido allí a la vendimia. Estaba a orillas del Loira. Me fui de allí con aquel libro, nunca se lo devolví. Recuerdo que me sorprendió el dramatismo del primer capítulo, que hablaba sobre los inocentes reflejos de un hombre que ha sido tratado injustamente. Aparecía esta frase: «Y no atinas a dar ninguna respuesta, nin-gu-na, que no sea el balido de cordero: "¿Yo-o? ¿Por qué?"».

Y más adelante: «Centellea todavía en vuestra desesperación una luna de papel, un decorado de circo: "¡Es un error! ¡Todo se aclarará!"».

Tenía veinte años y era un ingenuo; no lo entendí.

Tres semanas más tarde, era un miércoles, 11 de febrero. Brillaba un sol de invierno ejemplar. Estábamos a -20 °C. La temperatura volvía a ser clemente. Eran las nueve. Estaba de vuelta en la ciudad. Diane, de cinco años, pescaba las bolitas de cereales que flotaban en su cuenco de leche. Me hizo señas para que comiera algo mientras me tendía la cuchara:

—¿Quieres probar los cereales, papá? Están muy ricos...

Esperábamos a Margot, que llegaba de París, a siete mil kilómetros de allí.

Un enorme gato, negro como el carbón, se repantigó en el sofá como si fuera un sultán o una odalisca. Se llamaba Beguemot, era presumido y jugaba con sus largos bigotes mientras observaba mi indumentaria con gesto burlón. Lo que usaba para dormir —y llevaba aquella mañana— era una camiseta roja que me regaló una amiga apasionada de la heráldica. Tenía sobre el pecho un dibujo muy detallado de una criatura bicéfala, de plumas negras y con armas, pico y corona dorados. La cabeza de la izquierda era de águila, la de la derecha, de gallo; sostenía una espada con una pata, y en la otra, un cetro que bien podría parecer una pluma estilográfica. Aquella figura no era símbolo de ningún imperio conocido. Me gustaba aquel emblema de nada.

Los escudos tienen un aire cómico que no escapa al ojo atento. El águila y el gallo, colocados de perfil, sacaban, cada uno, una lengua imposible. Las cabezas nacían de un solo cuerpo musculoso y con garras. La corona hacía las veces de sombrero ridículo, que le confería un aspecto bastante patético. Y, si uno se fijaba en la expresión de la doble bestia, veía que era de evidente sufrimiento: las patas estaban rígidas, como si la torturaran o como si estuviera petrificada o incluso electrocutada. Parecía un pollo a punto de ser desplumado.

Cuando Margot llegó en taxi, me puse rápidamente las botas, el *ushanka* (una de las orejeras quedó hacia arriba y la otra se dobló hacia abajo) y bajé corriendo las escaleras en pantalones de chándal, todavía con el pájaro bicéfalo en el pecho. Parecía salido de una comedia soviética. La mirada de reproche de Beguemot era totalmente justificada; eso pensé cuando me vi al pasar por delante del espejo.

Abrí la puerta del coche y le robé un beso rápido a Margot. Saqué dos maletas enormes del maletero y las subí de inmediato. Cuando llegué a la cuarta planta, estaba sin aliento. Abrí la puerta; Diane canturreaba. Dejé las maletas en la entrada. Entonces, sin embargo, a pesar de mi extraña apariencia, del frío que hacía fuera y del frío que gobernaba nuestra relación, pensé que había sido un imbécil, que tendría que haberla abrazado. Desde luego. Sí, voy a abrazar a Margot, pensé, o quizá murmuré, tras dejar las maletas.

Me llama. Su voz suena extraña.

Qué voz más extraña pusiste, Margot.

Me doy la vuelta. Hay dos hombres frente a mí, no entiendo nada. Les corto el paso, Diane está detrás de mí. Me agarran y me empujan con violencia fuera del apartamento.

—¡Papá! ¡Pa...!

En cuestión de segundos, me encuentro en el pasillo, inmovilizado contra la pared, con las manos esposadas en la espalda. Giro la cabeza. Hay ocho, tal vez diez hombres, algunos encapuchados. Uno de ellos graba la escena, que difundiría por una cadena local unos días más tarde. En el vídeo, curiosamente, nadie se fijaría en el gato gordo como un cerdo que, indignado, huye entre un bosque de piernas y se aleja mientras maldice a diestro y siniestro.

—¿Quiénes sois? —pregunto.

—Esa no es la pregunta —responde una voz ronca.

—¿Tienes miedo? —dice otro con satisfacción.

—Sí, claro. ¿Quiénes sois?

—Eso lo sabrás más adelante.

Alguien trae mi chaqueta y me quita las esposas. Me empujan contra la pared mientras me sujetan los brazos. Soy un títere y ellos, los titiriteros. Me manipulan y me visten. Se pasan una bolsa de tela de mano en mano hasta que termina sobre mi cabeza. Las esposas vuelven a cerrarse alrededor de mis muñecas. Bajo las escaleras a ciegas mientras me empujan y me sujetan con fuerza, casi sin tocar el suelo, levantado por fuertes brazos. Me hacen subir a lo que intuyo que es, por la altura del escalón, una camioneta.

Me falta el aire. El silencio es la mejor opción. La única, en realidad. Me cuesta respirar con normalidad a través de la tela. Trato de comprender qué ocurre; ¿me ha secuestrado una mafia?, ¿me ha detenido la policía? Ninguno de ellos llevaba uniforme.

Es un error… Todo se aclarará.

No saco nada en claro. No tengo ni la más remota pista. Tal vez los encapuchados sean de las fuerzas especiales… Reflexiono. Las fuerzas especiales… ¿Por mí? ¿Por qué? ¿Por mí? No tiene sentido.

¿Cómo iba a salir de ese lío? ¿Me estaban llevando al bosque para administrarme una buena dosis de intimidación? ¿Para matarme? Pero ¿por qué? ¿En nombre de qué religión olvidada? ¿Qué interés había detrás de aquello? También podía tratarse de un secuestro… ¿Pedirían un rescate? No era muy probable. ¿Qué estupidez habría cometido? Sí, seguro que se trataba de una tremenda y enorme estupidez. ¡Qué idiota, pero qué idiota! ¿Pero qué clase de estupidez? ¿A quién había podido ofender últimamente? A nadie… ¿A un político? No. Tal vez… No se me ocurría nada.

Es un error… Todo se aclarará.

¡Menudo follón! ¿Y qué pasa con Diane? Diane, Diane… Joder. Concéntrate. ¿Y qué hay de Beguemot? A lo mejor me ha seguido. Seguro que está en la camioneta. No lo noto.

¿Por qué? Debo de haberla cagado en algún momento, pero ¿cuándo?, ¿dónde? Y Margot… ¿Por qué no te he visto cuando me han cogido, Margot? Estabas detrás de mí, me seguías ¿Dónde estabas, Margot? ¿Qué está pasando? Qué estúpido, ¡menudo follón! ¿Cómo he acabado en manos de estos cabrones? Unos cabrones muy organizados, por cierto…

III
La entrada al mundo

Había oído este proverbio ruso, pero nunca me lo había aplicado a mí mismo: «De dormir en la calle o de ser arrestado, nadie está salvado».

«Podría haber sido millonario. Con piscina y vistas al mar. Pero estoy bien jodido, ¡que os jodan!».

No sé por qué, pero la letra de esa canción resuena en mi cabeza.

El viaje es largo. Trato de no perder la noción del tiempo. Ya hace media hora que nos pusimos en marcha, o al menos eso es lo que creo. El vehículo se detiene. Estoy tranquilo, en un estado de sonambulismo; sé que va a ser un día largo, así que relajarse no es mala idea; me digo eso a mí mismo. Trato de concentrarme.

Me parapeto en mi fortaleza interior.

Atravieso lo que creo que es un aparcamiento, me llevan a un edificio, franqueo dos puertas, subo tres plantas y me sientan en una silla. Comienza el interrogatorio. Sigo sin ver nada, las esposas se me clavan en las muñecas. Intuyo que estoy en una habitación pequeña y oscura. Se oye el lento chirrido de una reja. Una voz me exige que confiese. Respondo con evasivas y sin demasiada coherencia. Para empeorar las cosas, finjo no dominar el ruso. Como es lógico, me llueven los golpes.

Prometo cooperar, aunque solo sea para calmar a aquellos matones. Pero ¿qué podría confesar yo? Necesitaría ayuda... Más amenazas. Más golpes.

Estoy satisfecho conmigo mismo, creo que estoy manteniendo el tipo. Pero mi cerebro maltratado empieza a fallar. Me han golpeado las sienes, me han acribillado, y tengo la sensación de que el cráneo me va a explotar con cada golpe que recibo. Mi cuerpo está al borde del desmayo. Acabo vomitando un poco de bilis.

«Estoy bien jodido, ¡que os jodan!».

Me dan un poco de tregua antes de volver a la carga. La pesadilla se alarga durante varias horas más. Supongo que tengo derecho a recibir el trato que los policías con absoluta impunidad para la violencia dispensan de forma habitual a sus detenidos. Saben cuál es la forma apropiada de dar palizas sin dejar huellas y que no resulte demasiado obvio. Son metódicos y cuidadosos; reparo en ello desde las profundidades del estupor en el que me encuentro sumido. Su trabajo consiste en intentar doblegar mi voluntad.

Por fin se cansan. O, mejor dicho, pasan a la siguiente fase.

Me quitan la bolsa de la cabeza y recupero la visión. Me muestran unas fotos. Reconozco algunas. Son mías. Tardo un poco en acostumbrarse a la luz. Estoy aturdido. Los tipos que están frente a mí poseen un sentido del humor inefable. Uno de los mastodontes se ríe, está empapado de gruesas gotas de sudor; él era quien hacía las preguntas, lo reconozco por la voz. Me mira con desprecio mientras sonríe ante mi condición de insignificante marioneta. Tiene el ojo izquierdo negro y el derecho verde (no me lo invento) y, en su boca entreabierta, atisbo algunos dientes de oro. Un segundo individuo con gafas pequeñas y redondas y con pinta de estúpido toma notas y grita; este es su trabajo. Debe de medir más de dos metros. Tiene los hombros exageradamente estrechos. Observo durante un rato la gota de saliva que le brilla en la comisura de la boca; una boca que se mueve sin parar y que le hace parecer un mero. El tercer individuo se encuentra junto a mí. Bajo la capucha, distingo un rostro con los ojos fijos en su presa, como un animal ansioso; este era quien me pegaba, sin duda.

El encantador grupito me da por fin una pista. Me acusan de pedofilia.

Pedofilia.

Todo alcanza una velocidad vertiginosa. Protesto. Es inútil, lo sé, esto es solo el principio; capto retazos de información: «[...] pornografía infantil [...], depravación europea [...], ¡director, y una mierda! [...], te convendría colaborar [...], sé listo [...]».

El tipo que está como un fideo pasa con cierta satisfacción las páginas del código penal: «[...] difusión de material pornográfico [...] menores de menos de catorce años [...] a través de medios de comunicación en masa [...] con el fin de oponerse a la sociedad y desoír las normas morales universalmente aceptadas [...] diez, quince años de cárcel [...]».

La escena supera todas mis expectativas. Argumento y me defiendo, pero ellos siempre van un paso por delante. Podría haber violado a mi propia hija. Podría ser una sospecha justificada. «¿Hiciste tú esta foto en la que sale desnuda? —insiste el de la enorme barriga—. Deberías empezar a hablar. Si firmas un par de papeles, podemos llegar a un acuerdo».

Vosotros, que acabáis de llegar, olvidad el sentido común.

Sin duda, querían destruirme. Todo estaba permitido. Detrás de esta tosca y perfecta puesta en escena, había alguien que tenía las cosas muy claras. No se trataba de una simple intimidación ni de una mera extorsión. No había vuelta atrás, me lo estaban dando a entender, y aquello venía de arriba. Iban a por todas. Me iban a encerrar.

Ya lo habían hecho.

Sin embargo, yo insistí en defenderme con ingenuidad frente a preguntas del tipo:

—La de esta foto es tu mujer, ¿no es así? La que se soba el coño. ¡Ja, ja! Es un poco raro publicar eso, ¿no? ¡Ja, ja!

—Pero, pero… Yo nunca…

—¿Y está aquí por arte de magia?

—Pero…

—No tiene sentido discutir. Tenemos todas las pruebas.

—…

—Aparece publicado desde tu dirección IP.

—…

—Lo publicaste desde tu casa en la página diariodelasmamas.ru.

—Pero, pero… Es ridículo. ¿Por qué iba a hacer eso?

—Porque no se te da bien, ¿tal vez? Mira, aquí también se toca el coño. ¡Ja, ja! Mira.

—¿Te hace gracia? Obviamente se trata de fotos robadas, pero, pero…

—¡Que te calles! Y aquí, la segunda chica, ¿quién es? ¿También te la follaste?

—Pero, pero… ¿De qué se me acusa?

—De difusión de pornografía en internet.

—Pero…

—Y también de pornografía infantil, como ya te hemos dicho. ¡Mira! Ay, ay… ¡Depravado! ¿Y la chupa bien, tu mujer?

—Esperad, ¿qué es eso?

—Anos de niños dilatados, según los expertos.

—¿Según…? ¿Qué...?

—Ay, ay, ay… Va a ser difícil defender esto ante un juez, muchacho… Entonces, ¿esta es tu polla? No se puede saber, qué pena. Y mira, en esta foto, para ser sincero, tienes pinta de maricón, ¿eh? ¡Mira! ¡Que mires!

A partir de ese momento, me hundo en un pozo de desesperanza.

—¿Maricón? —digo—. Un maricón es el que come rabos, ¿no? Un hombre al que le gusta que le den por culo, ¿he entendido bien?

Se produce una carcajada colectiva. Estoy probando una cosa, la vieja estrategia de sorprender al enemigo y simpatizar con él rebajándome a su nivel. El acento ayuda.

—¡Os estáis equivocando, chicos! Lo de dar por culo no es lo mío.

Están desconcertados. No los he dejado fuera de juego, tampoco exageremos; no soy más que un pringado atado a una silla, sigo siendo una marioneta. Sin embargo, se produce una diminuta fisura quimérica, sobre la que se abalanza cualquier insignificante criatura antes de ser aplastada. Durante unos segundos de ingenuidad, creí que podría salir de allí. De la paliza a las bromas entre machos de una especie que creo conocer a veces solo hay un paso, me susurra una voz interior. Todo podía cambiar aún.

Quien haya vivido en Rusia a principios del siglo XXI (a principios o, incluso, un poco antes o mucho antes o quizá mucho después, da igual), se habrá visto involucrado en algunas situaciones tan surrealistas como previsibles, como cuando un policía da a entender que unos cuantos rublos permitirán al viajero seguir su camino sin obstáculos, como cuando la infinita vorágine burocrática adquiere unas proporciones sin precedentes que sorprenderían incluso a Gógol y a Kafka, o como cuando uno se ve obligado a enfrentarse a multitud de sinvergüenzas, prisioneros de una lógica tan perfecta como absurda, tan caricaturescos, tan ingeniosos, tan testarudos que hasta los personajes de Beckett parecen normales. Todos los elementos de este pintoresco folclore llegan incluso a combinarse —el papeleo absurdo, los policías corruptos y codiciosos, los lunáticos, los carceleros tan ebrios como creativos, la perversión, las humillaciones y las burlas— para crear situaciones que, durante largas semanas, meses e incluso años, contaremos entre amigos, como en un recital disparatado y proverbial, y que irán de boca en boca como si fueran parábolas, recetas o un viático para aquellos momentos en los que la vida te da un revés.

Ya había vivido todo aquello y, si bien mi situación correspondía esta vez a otra categoría, y aun siendo consciente de haber traspasado ya aquella barrera —la que separa la corrupción y el teatro de la verdadera máquina de destrucción—, en ese preciso momento, mientras aquel encantador grupo que cumplía órdenes de arriba se desternillaba, yo seguía creyendo que aún estaba a tiempo de volver al otro lado.

Todo saldría bien.

Tras aquella conversación, insistieron repetidas veces en que me convenía cooperar. Me llevaron en coche, con los ojos vendados, a otro edificio. Entonces empezó el procedimiento oficial. Vi caras nuevas. Apareció el jefe de la investigación, que inmediatamente me recordó a un actor cómico. Llamémosle Pierre Richard, con su pelo rubio y su cara de bobalicón. Con el cuerpo magullado y dolorido, me mandaron ante el pequeño Richard para seguir con el interrogatorio, aunque ahora entraba en juego la ley: actas debidamente autorizadas, testimonios, traductor, abogado de oficio, etc. Todo estaba en su lugar. Yo no tenía ni voz ni voto sobre la humillante acusación que se había redactado en mi contra. Me estaba prohibido cualquier contacto con el exterior.

Me encontraba en una comisaría, aquel 11 de febrero, en medio de Siberia. Eran las dos de la tarde, tal vez las tres, y apenas tenía hambre. Estaba frente al jefe de la investigación, con las esposas apretándome cada vez más las muñecas, y siempre bajo la atenta vigilancia del secuaz encapuchado que no me había abandonado desde el primer golpe. Él era el nexo entre el mundo oculto —el de aquella mañana, sin testigos, que oficialmente no había existido— y el mundo visible de la «ley», cuyas maravillas se revelaban ante mis ojos. Era la única persona que, tras su máscara, era capaz de pasar de un mundo al otro.

Opuse una inútil resistencia para frenar la rueda del sistema judicial, aunque esta acabó por arrollarme. Me asaltó un violento dolor de cabeza. Tenía que rendirme a la evidencia, rendirme sin más, al fin y al cabo. Por un momento, escuché la voz de Margot en el pasillo, y después la de Diane, que repetía en ruso: «¿Dónde está mi papá? ¿Dónde está mi papá? ¿Dónde está mi papá?». Quise gritar, decirle a Margot que no se fiara, avisarla de que era una trampa, que tenía al FSB encima y que hablara lo menos posible.

«Lo menos posible. Tenemos al FSB encima. ¿Me oyes, Margot? Lo menos posible».

Mantuve la boca cerrada. Algo dentro de mí quería hablar, pero mantuve la boca cerrada, porque Margot lo sabía, lo entendía tan bien como yo, eso era obvio. No tenía sentido asustar aún más a Diane. No tenía sentido animar al matón encapuchado, al que le valía cualquier excusa para atacarme con todas las de la ley.

Por la noche, la rueda judicial, bien engrasada, seguía girando. La detención preventiva se prolongó y me trasladaron a una celda mugrienta de hormigón, sin ventanas y con un agujero maloliente en una esquina donde hacer las necesidades básicas. Fuera, los perros aullaban. Un guardia joven me dio la bienvenida y se alegró de encontrar a un francés. Mientras me desvestía para el registro reglamentario, se mostró preocupado por los cardenales que me adornaban la espalda y decidió incluirlo en su informe; parecía que, a pesar de sus precauciones, los matones habían dejado algún rastro.

—Tomo nota, no se ven demasiado, pero no quiero que luego me culpen a mí. Por si acaso…

Sonreí. Aquel hombre era amable. Me ofreció un colchón y unas sábanas con mucha educación. Me encontraba en el corazón de un sistema humano bien estructurado en el que había que mantenerse en estado de alerta constante. Era importante guardar las apariencias *por si acaso,* ya que, en determinadas circunstancias y para ciertos usuarios, todo puede cambiar. Así que conservamos un código de prudencia y de apariencia fraternal y nos comportamos con amabilidad mientras servimos celosamente al gran mortero que pulveriza los cuerpos de los hombres.

Compartía celda con un hombre enclenque y tuberculoso y con un hombrecillo imperturbable que desprendía una bondad casi sobrenatural. Iba sin camisa, y me ofreció un cigarrillo. Era un habitual, el alto cargo de una banda que se identificaba por llevar el tatuaje de una estrella de ocho puntas en cada clavícula. La realidad superaba, una vez más, la ficción. No hablé demasiado. Tuve un sueño ligero.

Al día siguiente, tras un nuevo encuentro con un Pierre Richard musculoso, me presenté ante la jueza. Fue entrar y salir; el protocolo, impecable. En la rueda de la justicia, todos desempeñaron su trabajo estupendamente. La sala de audiencias era pequeña y estaba abarrotada de muebles y sillas. Una lámpara enorme y peculiar me llamó la atención. El intérprete me explicó que se había diseñado para matar las bacterias de la tuberculosis. Yo estaba en una jaula, como dictaba la tradición, frente a una jueza rechoncha que dirigía el debate con una mezcla de hastío e irritación. Era tarde, quería volver a casa; probablemente la habían citado para la enésima farsa del día.

Te estoy esperando, Margot. Tengo la sensación de que vas a irrumpir en la sala, de que le vas a gritar a la jueza rechoncha, de que le vas a escupir en el uniforme al pequeño Pierre Richard y, en la cara, al fiscal, sé que eres capaz. También vas a insultar al abogado de oficio, le pegarás una buena coz en el culo, lo echarás a patadas y le dirás que no es más que un rubiales fracasado, un imbécil castrado, esas serán tus palabras, o peores incluso, no dejarás que se celebre este sórdido juicio iluminado por la lámpara desinfectante.

No hubo ni gritos ni escupitajos. Margot no se presentó.

Todavía oigo aquellas palabras tajantes: «La ciudadana Margot B. afirmó ayer durante la audiencia sentir que tanto ella como su hija corrían peligro, por lo que solicitan protección de las autoridades en calidad de testigos y la encarcelación de su marido, Yoann B., al que consideran una amenaza».

Me internaron en la cárcel central de Irkutsk al caer la noche. Fui sometido a un vago test psicológico, probablemente diseñado para detectar tendencias suicidas. Entre los colores que me mostraron, coloqué en primer lugar el rosa y, en último lugar, el negro, señal, como es lógico, de un indiscutible optimismo. A pesar de aquel logro y de haber demostrado una salud mental ejemplar, me dejaron sin cinturón y sin cordones. Cortaron y arrancaron de mi abrigo todo lo que pudiera convertirse en algo parecido a una cuerda o cordel; hicieron lo propio con los zapatos, y una vez desnudo, revisaron cada pliegue de mi cuerpo.

Volví a vestirme.

Llevaba la misma camiseta desde la mañana de mi detención. El potencial cómico del escudo se magnificaba en aquel lugar.

Todo iba bien.

Una fiesta para los carceleros. Me afeitaron la cabeza.

—Pero ¿qué tenemos aquí? ¡Un verdadero francés! Así estás más guapo, ¿ves?

Y ya está.

Me hicieron la típica foto. Me tomaron las huellas dactilares. Me metieron en una ducha fría con un trozo de jabón oscuro. Fui tan ingenuo como para pedir una toalla.

Volví a vestirme.

Me dieron un paquete de bienvenida: sábanas, un plato y una cuchara de aluminio, y un rollo de papel higiénico. Traspuse unas cuantas puertas y rejas guiado por un guardia bastante risueño y recorrimos varios pasillos bañados por una luz amarilla mostaza. Aquel sitio era enorme. Después de varias paradas y conversaciones entre colegas del guardia, al paquete de bienvenida se le sumaron más regalos de la administración: un cepillo y pasta de dientes, jabón y una curiosa navaja de afeitar embotada.

Como me habían sorprendido, me convertí en uno de esos presos que entran en la cárcel sin un solo efecto personal.

IV

Las tres hermanas

Mis amigas cosacas a menudo citaban a Konstantin Batiouchkov con estos versos:

> ¡Oh, recuerdos del corazón! Tú eres más fuerte
> que la razón de la memoria triste.
> Y a menudo, con tu dulzura
> me tienes cautivo en un país lejano.

Parece que nada sucede por casualidad. ¿Tal vez he encontrado al fin lo que vine a buscar a Rusia? Me he ganado mi sitio en la cárcel, ya he pasado la ceremonia de iniciación, pensé con cierto orgullo y con sorna. Lo había conseguido, me había mimetizado con el paisaje. Me había convertido en un *mujik* como otro cualquiera, un *mujik* entre *mujiks,* un *mujik* al que se podía encarcelar injustamente, como a cualquier otro *mujik.*

En definitiva, me había integrado. Podía sentirme orgulloso.

Sí, esa posibilidad se me había pasado por la cabeza. La verdad es que no las tenía todas conmigo: todo indicaba que Margot tenía algo que ver con todo esto. Tal vez incluso lo había ideado y organizado ella misma. La caída prometía ser larga; larga y dolorosa.

Mi historia de amor con Rusia había empezado tan bien... Había sido a principios del siglo XXI; el país luchaba por salir del caos de los años noventa y yo era un adolescente. Había acabado en Rostov del Don un poco por casualidad; me encontraba en el país de los cosacos, bajo un sol abrasador. No se trataba de un simple viaje: había llegado para vivir un tiempo en el extranjero. Necesitaba instalarme en un lugar lejos de mis manías, de mis rutinas y de los callejones sin salida para encontrar mi propio camino. Se trataba de un ejercicio vigorizante, me decía a mí mismo. No conocía el alfabeto cirílico. Todo parecía posible.

Rusia seguía siendo un imperio para mí, una divagación que nos había regalado al bueno del doctor Chéjov; Lenin y Stalin; los señores Kaláshnikov y Gagarin; Catalina la Grande, amiga de los filósofos; el perfil de la perrita Laika, impresa en los sellos; los duelistas Lérmontov y Pushkin; la princesa María Volkonskaya; la locura del zar Iván el Terrible; Grigori Rasputín; la larga barba de Aleksandr Solzhenitsyn; la infancia de la condesa de Segur, cuyo nombre de soltera era Rostopchiná; Marina Tsvetáyeva; Anna Andréyevna Ajmátova en el asedio de Leningrado; Borís Pasternak con la gorra bolchevique y Ossip Mandelstam con su bombín; Vasili Grossman; Emma Goldman visitando a su camarada Kropotkin; Yesenin ahorcado; Mijaíl Bakunin, Mijaíl Bajtín, Mijaíl Shólojov, pero sobre todo, el diablo de Bulgákov; el infierno de Varlam Shalámov; Lev Shestov; Vladimir Nabokov jugando al tenis; Vladímir Mayakovski redactando una última carta; Máximo Gorki; Joseph Brodsky; Fiódor Dostoyevski; ah, y olvidaba a León Tolstói entre los campesinos —no le tenía tanto aprecio como a Nikolái Gógol o al doctor Chéjov. Todos ellos eran mi inspiración cuando llegué a Rostov, ellos y otros muchos, pero en esencia se trataba de aquel puñado de escritores que habían convertido la literatura rusa en un imperio en un abrir y cerrar de ojos, un imperio violento y glorioso, con episodios grotescos y funestos, con su extasiado fanatismo y con sus excesivas debilidades que atraviesan, como por arte de magia, las fronteras de la traducción.

Estaba listo para luchar.

No se trata de una película y, sin embargo, es como si volviera a verla en una pantalla. De nuevo, aquel escalofrío. Creo que nunca he sido tan feliz como lo fui en Rostov del Don. El majestuoso río que fluye hacia el mar de Azov era como una promesa de alegría. No sabía ni una palabra de la lengua de Pushkin. Había asumido que lo pasaría mal, al menos un poco, al principio. Sin embargo, una vez en el aeropuerto, Olga Serguéievna no me dio la oportunidad: se encargó de todo desde el primer momento. Tras deshacerse de los ansiosos taxistas, me instaló en casa de Macha, su hermana pequeña. Irina, la más joven, se unió a nosotros más tarde.

Olga estaba jubilada. Su pensión era ridícula. Como muchos jubilados, se veía obligada a trabajar; en su caso, una treintena de horas semanales en la universidad. Su salario también era ridículo. Como muchos profesores de universidad, completaba su jornada laboral con una treintena de horas de clases particulares a domicilio.

Los cuarenta años que me sacaba no supusieron ningún obstáculo: me convertí en su confidente, y ella en la mía.

Yo pasaba por allí por casualidad, ella se despedía amablemente de un alumno, y entonces comenzaban nuestras conversaciones, acompañadas de un té muy negro, de champán soviético o de coñac de Daguestán, según la hora y nuestro humor. Pasábamos tardes enteras brindando, hablando de música y poesía, de sus nietos, del arte de adaptarse a la ciudad, de los continuos malentendidos entre mujeres y hombres, y del valor y las virtudes del queso francés. A veces, Olga recitaba alguno de los 5523 versos de *Eugenio Onegin:* se los sabía de memoria. Otras, veíamos alguna obra maestra del cine soviético en la televisión, que siempre estaba encendida. En ocasiones, comentábamos alguna intervención presidencial. Vladímir P. ya había salido a escena, y aparecía en todas las pantallas. «*Oï, gadki Poutionok* —gritaba Olga Serguéievna—. ¡Ahí está otra vez nuestro patito Puti-feo! ¿Qué preciosa mentira saldrá hoy de esa malvada boca?». A menudo nos absorbían las singularidades sintácticas de la lengua francesa; traducíamos y nos sumergíamos en un mar de reglas gramaticales y diccionarios. Con frecuencia nos preocupábamos por la salud de Irina, que sufría de melancolía e hipocondría desde la muerte de su marido.

Un día, su marido pasaba por el parque que separaba su apartamento de la licorería y se encontró con un soldado muy nervioso; fue un encuentro estúpido y desafortunado, ya que el chico acababa de volver de Chechenia, y lo apuñaló para robarle la botella que había comprado. Según le contó Irina, fue un corte limpio y feroz, propio de un profesional: de arriba abajo, le cercenó el pulmón derecho, la aorta y el corazón. Murió solo, lo encontraron tumbado bocarriba con los ojos abiertos de par en par y la boca entreabierta formando una O. Era un cuerpo congelado en un gesto de dolor y consternación. Junto a él, una botella de champán rota esparcía su aroma. Era el día de su aniversario de bodas.

Desde entonces, Irina también se había encerrado en el dolor y la consternación. «Soy como un cadáver solitario», me dijo un día entre risas; ella siempre reía.

A menudo Rusia me conmovía, pero nunca tanto como durante mi estancia con las tres hermanas, mientras se mezclaban el ruso y el francés, Pushkin y Molière: una gran y tempestuosa danza, donde comprendía y traducía los famosos versos de Bátiushkov que hablan de la memoria del corazón.

Las tres eran viudas. Olga Serguéievna había perdido a su querido Kolia en un accidente de coche a principios de los años ochenta. Macha, su hermana menor, también tenía un Kolia, que había desaparecido con el colapso de la Unión Soviética. No había muerto, pero era exactamente lo mismo: «A mi Kolia me lo arrebató un coche alemán, el tuyo cayó junto al muro de Berlín, ¡nunca acabaremos con los alemanes!» repetía Olga a su hermana. Fueron muchos los que se derrumbaron a principios de los noventa. Gran parte de ellos eran científicos, profesores, educadores y artistas; no soportaron el golpe, el fin del ideal; ya no eran nada, de la noche a la mañana habían perdido su salario y habían vuelto a los cupones de racionamiento y a las penurias mientras veían cómo la alianza de los *siloviki** y las mafias se hacían con el país e imponían su yugo, peor que el de los tártaros. Y ahí estaban, poniéndose las botas, con la justicia en manos de intereses privados y la tiranía capitalista campando a sus anchas, liderada por los antiguos *apparátchik*† y los antiguos miembros del KGB.‡ «Sí, ahí los tenéis —repetía Olga—. Ahí tenéis el gran capital

* Miembro de los servicios de seguridad y de las fuerzas armadas de la Federación Rusa.

† Término coloquial ruso que designaba a un funcionario profesional del Partido Comunista o la administración soviética.

‡ Comité para la Seguridad del Estado de la Unión Soviética.

de la gran y nueva Rusia: estafadores, ladrones, polis, mafiosos y altos funcionarios, ¡todos reunidos!».

Kolia no lo había soportado. Macha no pudo evitarlo. No fue capaz de impedir que se derrumbara. Kolia, el físico, el brillante investigador, Kolia, su amor, Kolia, el poeta, su Kolia, había fracasado. Finalmente, abandonó el apartamento para entregarse en cuerpo y alma a su alcoholismo mientras aniquilaba todo lo que había en él que se opusiera a su propia destrucción. Se había convertido en una sombra constantemente borracha de vodka barato, como muchas otras sombras que recorren esta vasta y cautivadora llanura, imperturbable y tiránica, a la que hoy en día llamamos Federación Rusa. Un día lo sorprendí en la cocina. Sacó medio salchichón y un tomate de la nevera, tomó dos rebanadas de pan negro de la mesa y se marchó, ocultando su cara hinchada bajo la capucha. Macha le había dejado una llave. Le toleraba esos pequeños robos y, en ocasiones, le prestaba dinero. Después, nunca lo volvió a ver.

Macha es pura bondad, es una persona fiel e incapaz de chismorrear. Aún la oigo decirme: «Yoanntchik, ahora debes descansar y soñar con cosas bonitas; mañana será otro día».

En la prisión de Siberia, la voz de Macha me consuela, es un bálsamo.

Tengo la suerte de haber recibido grandes lecciones de mujeres rusas como Olga, Macha, Irina y muchas otras. Y aquí estoy, en la cárcel, para seguir con mi educación. Todo en orden, justo como planeaba. Las novelas de aprendizaje ruso tienen unos personajes muy definidos.

Las tres hermanas trabajaban en la Facultad de Pedagogía formando a los futuros profesores de francés. Fue allí donde también yo di varias horas de clase y donde monté una compañía de teatro. Al igual que en el resto del país, la lengua francesa se sostenía gracias a la tenacidad de algunas valientes.

Existe un famoso poema que ensalza a la mujer rusa, capaz de frenar a un caballo en plena carrera —escribió Nikolái Nekrásov— y de entrar en una isba* en llamas. En Rusia, hay que respetar ciertas normas en la mesa: el segundo brindis debe pronunciarse en honor a las mujeres. Los hombres se levantan. Hay que apurar el vaso de un trago. Para seguir la tradición, en una celebración de la universidad y haciendo gala de su habitual grandilocuencia, el bueno de Arseni juzgó necesario citar a Nekrásov. Olga no aguantó más:

—Sí, somos hermosas, somos extraordinarias, pero, maldita sea, dime, Arseni, ¿cuándo dejarán los hombres de estar tan borrachos como para no caer del caballo? ¿Y cuándo dejarán de prender fuego a las isbas? ¡Maldita sea! ¡La mujer rusa está harta, Arseni! ¡Harta de agarrar a los caballos y de apagar incendios! La mujer rusa… ¡Maldita sea! Yoanntchik, rellena las copas y ¡bebamos!

Mis amigos más cercanos me llaman Yoanntchik. Es un diminutivo cariñoso. Cuando Macha lo utilizó por primera vez, me entusiasmó. La lengua rusa es muy hábil cuando despliega todos sus silbidos e hipocorísticos. Me había convertido en otro, solo gracias a unas pocas letras.

Siento una enorme alegría infantil cada vez que alguien me llama Yo-Ann-Tchik. O más bien I-O-Ann-Tchik. Con diptongo. Como si fuera una pequeña ola

* Vivienda rural de madera, propia de algunos países septentrionales del antiguo continente y, especialmente, de Rusia.

que empuja a los labios para que se abran y se adelanten: I. O. Ann. Tchik.

¿Podría alguien de esta prisión llamarme por mi nombre?

V

La maldición de la rama

«Lo imposible es lo único que anhelo», escribió Innokienti Ánnienski. He obtenido esta cita de Marina Tsvetáyeva, poetisa del amor.

¿Cómo retratar a Margot desde esta celda en la que probablemente ella misma me ha encerrado? Para conseguirlo, antes he de dejar algunas cosas claras.

No escribo estas palabras desde la prisión de Siberia y, sin embargo, es como si estuviera allí. No saldré de allí hasta que escriba la última palabra, hasta que me la haya arrancado de la piel y la haya volcado en la última página.

No para reír, ni para llorar ni odiar, sino para comprender.

Cuando todo comenzó, me repetía la siguiente frase como un mantra. Era como una medicina, un preparado verbal que me administraba cada mañana, cuando los guardias nos sacaban de la cama: *Non ridere, non lugere, neque detestari, sed intelligere.*

Es un recuerdo de mis estudios de filosofía.

Todavía hay hilos de los que tirar y madejas que desenredar. Desde el fondo de mi celda, aún hay algo que debo comprender. ¿Cómo se termina en la prisión central n.º 1, en Irkutsk (Siberia)? Para entenderlo, es necesario que Margot hable, y también que yo hable de Margot. Es preciso contar algo de esta historia, de nuestra historia.

Pero la realidad es que cualquiera que quiera escribir sobre sus asuntos amorosos se expone a la catástrofe. Hallará frente a él la trampa de la justificación y, en ocasiones, de la ira, y siempre corre el riesgo de verse cegado por esta.

Esto es lo que yo llamo la maldición de la rama.

Una rama de árbol raquítica y deshojada por el invierno pasa unos meses en las oscuras profundidades de una mina de sal. Cuando la sacamos, está cubierta por una miríada de brillantes cristales. La estancia en la mina ha magnificado la rama, está irreconocible.

También existe la cristalización amorosa. Dotamos al ser amado de miles de cualidades tan deslumbrantes como quiméricas.

De la misma manera, esta extraña cristalización puede afectar a los escritores. Quien intenta plasmar su historia de amor desciende siempre, de alguna manera, a las profundidades de una mina de sal. El riesgo es elevado.

Llevará consigo una rama pegada al pecho. No la verá, y tampoco la sentirá: su cuerpo pronto cristalizará y desaparecerá bajo una película brillante. Abrirá la boca y cada palabra articulada sonará como un engaño, un artificio, una fantasía. ¿Cómo puede uno hablar del amor cuando parece una ramita ficticia que se enorgullece de su propio brillo?

La literatura universal está plagada de relatos escritos en este idioma falso y ciego. Encontramos ejemplos también entre los antiguos filósofos, que asentaron las bases de lo universal. Es una maldición. Todo amor es susceptible de convertirse en una estatua de sal y, como el afecto, una vez que se expresa con palabras, estas quedan aplastadas bajo una capa de cautivador cristal.

A veces es como un lamento; todos lo hemos oído o pronunciado, es el idioma del último suspiro. Entonces, el amante perdido emite este legendario quejido: «¡Y pensar que he perdido todos estos años, que he querido incluso morir, que he vivido este gran amor por una mujer que ni siquiera me gustaba, que ni siquiera era mi tipo!».

Por lo general, el amor debe morir antes de aparecer en un libro. Pero si ese amor está muerto, la palabra no será honesta, estará corrompida.

No querría pecar de deshonesto. No quiero mentir.

Si temo a la rama, si temo estas palabras falsas, ciegas y muertas, más temo aún a lo que puedo encontrar en el fondo de mi celda. Temo ciertas voces del pasado. Así que dudo. Me ando con rodeos, esperando que este capítulo termine antes de haber empezado. ¿Es posible que despierte? Ya no existirá la cárcel, ni el libro. Y Diane y Margot estarán junto a mí.

VI

Margot

En los años treinta, Mijaíl Bulgákov pone todo su empeño en escribir un libro en el que se deja la piel. Cuando comienza la siniestra historia de amor, escribe: «¡Sígueme, lector, a mí, y solo a mí, yo te mostraré ese amor!».

Llegó de repente, como si fuera una certeza inapelable. La ola de calor azotó Rostov. Me sentía melancólico. Había llegado el momento de abandonar el país de los cosacos. Era bailarina y matemática. Aquel verano, yo daba clases. Mis alumnos se preparaban para ir a Francia a estudiar un año. Margot formaba parte de ese grupo.

Entre nosotros podría haber nacido la típica y tradicional aventura, la que, desde el albor de los tiempos ,surge entre profesor y estudiante.

Pero esto era diferente. Muy diferente.

«Incluso antes de conocerte, sabía que eras tú —me confesó unos meses más tarde—, te estaba esperando. No te conocía, pero lo sabía; algo me decía, y no alguien sino algo, que mi amor iba a entrar en aquella habitación, que aquel era nuestro lugar de encuentro, que estarías allí, que íbamos a encontrarnos y que nos amaríamos».

Los jóvenes enamorados se cuentan historias. Cabe pensar que Margot simplemente buscaba alguien a quien amar y que yo me encontraba en el mismo punto, eso es todo. Es cierto, y, sin embargo, esto era diferente. Sin ni siquiera hablar con ella, yo sentí lo mismo. No era un mero presentimiento, tampoco una ilusión. Se trataba de la certeza de una aparición inminente. Soy consciente de lo absurdo de esta afirmación, sé lo extraño e inverosímil que resulta notar que el amor se acerca. No me lo explico, no llego a ninguna conclusión lógica. Sin embargo, todavía recuerdo la sensación física de esta certeza, resplandeciente pero indescifrable, al igual que para Margot, supongo.

Y así sucedió. Nuestros labios se rozaron suavemente, noté la fugaz presión de sus pechos contra mi torso, y ella se puso de puntillas para agarrarse a mí o para entregarse, al final es lo mismo. La cristalina dicha del nuevo amor, en definitiva: las apasionadas conversaciones en los adoquines de la calle Pushkin, las caricias desvergonzadas, la emoción de las noches interminables y la belleza de las mañanas perezosas y lascivas.

Al final de la clase, se acercó a mí con la excusa de tener una duda gramatical compleja, lo que dio lugar a lo que ella sabía que era más que una conversación. Le propuse continuarla en un bar, no muy lejos de la universidad. Bebimos vino de Georgia y devoramos unos *zakuski* de berenjena, queso, hierbas y especias del Cáucaso. Pronto, nuestras conversaciones se volvieron cada vez más apasionadas. Tras el aperitivo, Margot me llevó a un restaurante japonés, o al menos eso indicaba el cartel de la entrada. El interior estaba bañado por una luz roja; podíamos encontrarnos perfectamente en un club de alterne, en un submarino o incluso en medio de un banquete griego. Sentados en esteras o tumbados en la penumbra, comimos pescado crudo y bebimos *whisky* y vodka. Había gente que fumaba tabaco de manzana con pipas de agua. Las pantallas repartidas por toda la sala emitían los éxitos musicales del momento. Siempre me ha gustado este tipo de sitios, extraños y pomposos, que surgieron en la Rusia de principios del siglo XXI. La vida allí es más intensa, y la embriaguez y la alegría, más amargas.

Desde el principio, me gustó aquella forma de ser de Margot, libre y autoritaria. Parecía que nada se le pudiera imponer, ni las comodidades del entorno privilegiado en el que había crecido, ni la fauna de machitos que la rodeaban. Tenía la fortaleza de aquellas que se han salvado por poco, ya que dos años atrás había sufrido una grave enfermedad que estuvo a punto de acabar con ella. Margot tenía veinte años y, de los dos, yo era el inmaduro.

Hablaba cuatro idiomas; convirtió las palabras en su mayor arma. En una misma frase, era capaz de incluir términos de lo más refinados y de lo más obscenos. Charlamos durante largo rato antes de que me preguntara si tenía uno de esos chubasqueros de látex que usan los amantes. Alguna gente los llama condones o gomas, pero ella prefirió usar el término *chubasquero,* para después añadir que sentía lástima por el prisionero que luchaba por escapar de mis pantalones.

Para hacerlo más divertido, pospusimos el momento. Una vez fuera, nos besamos por primera vez. La acompañé andando a casa de sus padres. Una mezcla de fuerza y de locura se había apoderado de nosotros. Nuestros cuerpos se atraían, se reconocían y se multiplicaban con cada beso que nos dábamos.

Finalmente, me empujó hacia el hueco de la escalera del 118 de la calle Stanislavski. La pesada puerta se cerró tras nosotros. Deslicé una mano por debajo de sus bragas mientras la otra trepaba hasta su pecho. La acaricié durante un largo rato. Me dio un chubasquero, sin mediar palabra, mientras me atravesaba con la mirada. Me introduje en su interior. Ella me envolvió. Nos corrimos de pie, abrazados contra la pared.

Nos dejamos llevar por el deseo, éramos torpes. Es lo que suele ocurrir con los amores que surgen como una explosión. Reconocimos nuestro error a la mañana siguiente y comenzamos de nuevo. Prometimos no separarnos nunca más.

Mi visado caducaba y tuve que irme de Rostov a mediados de verano. Margot se reunió conmigo en París a principios de septiembre. Nos instalamos en la calle Hauteville, en el distrito número 10, a unos metros de la calle Paradis.

Nos encontramos en Roissy, en la terminal 2C del aeropuerto Charles De Gaulle, que me conocía como la palma de la mano. Llegaba tarde. Margot me esperaba frente a un enorme ventanal mientras se maquillaba con un espejito. Sus manos quedaban perfiladas bajo la luz irreal del aeropuerto. Llevaba tacones, era la verticalidad encarnada: una línea perfecta la recorría desde la parte baja de la espalda hasta la nuca. Me detuve unos segundos para contemplarla antes de acercarme. Margot es algo supersticiosa. Reconocí aquel vestido: era el mismo que llevaba el día que nuestras miradas se cruzaron por primera vez. La emoción dibujó una sonrisa en mi rostro y me hizo sentir aquel peculiar y sensual cosquilleo que te recorre desde la mandíbula hasta la parte trasera del cuello.

La araña *Cupiennius* perfuma su tela para atraer al macho. Margot podría ser una araña *Cupiennius;* una araña o cualquier otra criatura cuya mirada refleje el puro placer que le provoca picar. También podría ser una bruja, si entendemos por bruja a una criatura que danza, salvaje y soñadora, risueña, libre y rebosante de deseos malintencionados. Podía ser morena, rubia, castaña o tener una melena cobriza; a veces, cuando bailaba, parecía un felino africano o caribeño: se movía con maestría y con inteligencia, se convertía en una sacerdotisa sumeria, y los amuletos de sus orejas, que le acariciaban las mejillas cuando movía la cabeza, la delataban; dos aros de oro de los que colgaba Inanna, diosa del amor, líder de las más feroces batallas, de los placeres terrenales y de los estragos de la guerra. Inanna, con el pecho desnudo, acogedor pero mortal, con dos minúsculas piedras incrustadas, una en cada pezón, de destellos diamantinos. Margot estudiaba sus apariciones y calaba en la consciencia. Desplegaba sus encantos con pasión y seguridad.

Se llama Margarita. El ruso tiene una gran cantidad de diminutivos cariñosos. Margarita puede convertirse en Margot, por ejemplo, o, para ser más exactos, en Margote, que en francés se pronuncia con una *t* final sonora. Al irse a vivir a Francia, se transformó. Hizo el camino inverso al mío.

Yoann es una variante más antigua de Iván. Puede ser Iván, Vania, Vanka, Vanechka o Ivanouchka. O Yoanntchik, nombre con el que me obsequiaron mis amigos.

Margarita puede ser Rita, Ritulia, Margocha, Margote, Margot, Margaux… Un día, incluso la llamé Marguerite, en francés.

Yo podía ser el eslavo y ella podía ser la francesa, quién sabe.

Creo en el poder de las tradiciones; queríamos casarnos, de modo que nos pusimos a buscar el lugar idóneo. Fue una tarea ardua. La iglesia del barrio nos parecía aburrida y el cura era un embaucador soporífero. Así pues, ateos como somos, nos vimos obligados a buscar otra cosa. Sumeria estaba fuera de nuestro alcance, así que, finalmente, nos decantamos por una isla. Margot, cautivadora y bruja como era, tenía lazos con Cuba. Allí, un santero que se llamaba Juan Esteban nos inició en la Regla de Ocha antes de casarnos en un santuario abigarrado. Recuerdo el estruendo de los tambores y un largo grito nacido de las profundidades de las entrañas que se convirtió en un poema. Golpes, destellos, arena y danzas. Luego llegó el trance, la sangre caliente y la miel que fluían por nuestras manos entrelazadas. Tras la ceremonia, nos siguió un gato negro. Entró en nuestra habitación y se acomodó entre dos cojines. Por la noche, me desperté y vi que dormía sobre mi cabeza. No necesitamos más señales, lo adoptamos —suponiendo que tal criatura pudiera ser adoptada—, o más bien, él nos encontró y nosotros lo reconocimos. Lo llamamos Beguemot, como el gran gato bromista de la novela de Bulgákov, el inseparable compañero del diablo que, junto a su banda, revela la grotesca locura de los hombres en el Moscú de los años treinta. También es el protector de los auténticos amantes.

Beguemot sería el guardián de nuestro amor.

Volvimos a París con un gato feliz, que creció con nosotros hasta volverse obeso.

Un día nació Diane, en Nantes.

Dos años después, nos marchamos a Siberia.

Sumamos otros tres años y llegamos hasta la historia que me llevó a la cárcel.

¿Por qué tengo la sensación de haber vivido un siglo junto a Margot?

VII

Siberiada

En el primer artículo que escribió en francés, Eduard Limónov ensalzaba la singular belleza de Siberia: «¡Los directores soviéticos que recorren Europa y Estados Unidos en busca de escenarios artísticos son realmente estúpidos!».

Algunos van en busca de la verdad al oeste; yo, sin embargo, me dirigí hacia el este. Tomé el camino a Siberia. Allí me llevaba el corazón.

La noticia de nuestra partida despertó reacciones opuestas entre nuestros amigos. Al igual que nosotros, algunos acogieron la noticia con ilusión. Como el bueno del doctor Chéjov, imaginaban el país del millón de paisajes, la grandeza de las estepas heladas, los ríos caudalosos, las montañas y los bosques inexplorados. Otros, sin embargo, hacían alusión a los gulags. Me vi obligado a repetir en varias ocasiones que no había sido condenado al destierro, mientras forzaba una sonrisa ante las burlas.

En la época soviética, la palabra *Siberia* se convirtió en sinónimo de *gulag*. Los zares ya habían sido desterrados y los sóviets instauraron el reino de los campos de concentración. Y aunque, por supuesto, Siberia no solo es eso, la palabra *gulag* se asocia desde aquel momento a este territorio. Están los libros de Solzhenitsyn, de Shalámov y de Ginzburg. El implacable puño de Aleksandr, el golpe devastador y seco de Varlam, y el ataque directo y firme de Eugenia. Tres personalidades cuyos textos no dejan indiferente. Y es mejor así.

Un día oí esta sorprendente diatriba: «Esto no es un gulag. *Un día en la vida de Iván Denísovich* se escribió en Kazajstán. La Kolimá de Shalámov y de Ginzburg está en el extremo oriental ruso, no en Siberia, ¡seamos justos, el gulag no es Siberia!».

Fue en un congreso en el que se discutía el atractivo de las regiones siberianas y su interés turístico. Aquel funcionario en su escritorio, muy satisfecho de su intervención, fue rebatido por un historiador; se trataba de Alexandre; aquella fue la primera vez que nos vimos. Le recordó, en tono burlón y académico, que la mayoría de los gulags se habían erigido en Siberia y que, por lo tanto, era allí donde estaban la mayoría de los cadáveres. El funcionario contestó con evasivas. Algunos colegas lo apoyaron en su cruzada contra el «historiador desmoralizador». ¿Acaso los campos de Stalin no habían contribuido a desvelar la riqueza del territorio?

Antes de abandonar la partida, Alexandre lanzó una última réplica: «Me habéis convencido, señores. Cuando el planeta entero muera de calor, todo el mundo vendrá aquí a refrescarse. Así que ¡contentemos a los turistas! Es nuestro deber avivar nuestras atracciones más pintorescas. ¡Explotemos el potencial de nuestras atrocidades y nuestros encantos! ¿Por qué no establecemos una nueva festividad, con un tren fantasma que recorra la ruta de los gulags? ¡Así curaremos nuestra amnesia y educaremos a nuestros ignorantes políticos! Y después, ¡todos a la piscina!, ¡todos al Baikal! Si nos esforzamos un poquito más, también acabaremos por destruir el lago».

Se oyó un portazo.

Congeniamos enseguida. Alexandre era un hombre de la taiga y, por tanto, era inherente a su ser el amor por los árboles, el frío extremo y la inmensidad. A menudo decía: «Siberia es un gran mar de tierra».

Entre los escritores que leíamos, eran pocos los que la mencionaban. No muchos habían nacido allí y pocos habían puesto siquiera un pie en Siberia.

La gran prosa siberiana aún era territorio inexplorado.

Un día, alguien se atreverá a escribir las palabras del color del *chernozem;** palabras brillantes y crudas; heladas pero ardientes; de grandes bloques de hielo furiosos que hablarán del conquistador Yermak y de su enemigo, el payaso del kan Kuchum; que hablarán de la nieve teñida por la sangre de los cosacos degollados, de la nieve pegajosa por las vísceras de los vencidos; de las rocas, de los árboles, de las plantas y de las criaturas; nombrarán, entre otros animales, a la *Pusa sibirica,* la foca siberiana a la que comúnmente llamaos *nerpa,* que es grande, gorda y, a la vez, grácil en el agua; nombrarán a los vientos *sarma, kultuk* y *barguzín,* corrientes demenciales que desembocan en el Baikal sin previo aviso, que levantan olas de seis metros sobre los pescadores y que en invierno harán bajar del norte a los hombres tirados por renos; geografía y leyenda se fundirán, contarán historias de *chukchis,* de *evens,* de *buriatos* y de *yakutos*, de *mansí,* de *janti* y de muchos más; habrá un ferrocarril que recorra más de nueve mil kilómetros y pueblos enteros se abalanzarán al transiberiano, con alegría, para migrar hacia la libre y rica tierra siberiana, que nunca ha tenido dueño. Nos embarcaremos en una aventura de tambores y trances de chamanes, de la fiebre del oro, de la agonía de los *zeks,* del exilio; miraremos a los ojos a los cazadores de la marta

* Tipo de suelo negro muy fértil.

cibelina, a los comisarios del Ejército Rojo, a los viejos creyentes, a los ermitaños, a los asesinos, todos ellos devorados por una majestuosa masa vegetal; será amargo y cálido como una taza de té negro en una cabaña rodeada de hielo, será tierno y del color azul crepuscular de un cielo más alto que en ningún otro lugar, será infame y glorioso; la humanidad, frágil, en su mortal caos.

VIII

Irkutsk vía Saint-Germain-des-Prés

Antón Chéjov dijo sobre el trayecto a Sajalín: «De todas las ciudades de Siberia, Irkutsk es la mejor».

El avión toca tierra en una pista congelada en la oscuridad de la noche. Recuerdo cuando aterrizamos en Irkutsk, capital de la Siberia oriental, en enero. Aún visualizo la temperatura que marcaba el termómetro a la salida del aeropuerto: –24 °C. Todavía evoco a Margot, un tanto nerviosa, y también recuerdo lo emocionado que estaba yo. Me acuerdo de que le expliqué a Diane, que tenía dos años, que ella es rusa y francesa, francesa y rusa, y que ahora íbamos a vivir allí, junto a un lago helado en invierno, un lago tan grande como un país.

Yuri nos esperaba en la zona de llegadas. Era el presidente del consejo de administración de la Alianza Francesa local. Yo era su nuevo director, enviado por el ministerio de Asuntos Exteriores. En Francia, me había ido más o menos bien, era un asalariado más típico de la época. Aquel contrato de dos años firmado en el Muelle de Orsay* fue una gran oportunidad, un golpe de suerte. Me ofrecían un puesto durante dos años en Irkutsk, en Siberia, con posibilidad de ampliarlo hasta cinco si así lo deseaba. Yuri se sintió aliviado al verme

* Aparte de ser un muelle parisino, el término designa habitualmente el Ministerio de Asuntos Exteriores de Francia.

llegar; había temido por un momento que no me hubieran concedido el valioso visado de trabajo. La lucha contra la surrealista máquina administrativa francorrusa se había prolongado meses. El papeleo y los permisos se habían acumulado y eso había alargado el proceso. Pero allí estaba, por fin.

Cruzamos la ciudad en su todoterreno. Me encontraba en un extraño estado de desconcierto que no me permitía comprender del todo dónde estaba. El viaje había sido largo, notaba los efectos de las siete horas de diferencia horaria. Se perturban los sentidos y, al mismo, tiempo la atención se dispersa. Finalmente, desconectas y te dejas llevar. Eran las seis de la mañana de un domingo. La ciudad estaba atrapada en el hielo, iluminada por luces suaves y cinematográficas. La fina nieve parecía leche o alabastro que crujía bajo los neumáticos del coche. En las fachadas que desfilaban ante mis ojos se intuían los blancos azulados y lunares, y los verdes opalinos típicos de Rusia. También había casas hechas de enormes troncos, algunas majestuosas, con motivos decorativos de madera, y otras que rozaban la desnudez; todas parecían sacadas de un cuento. Antiguas y nuevas, a menudo estaban pintadas de colores: postigos en tonos turquesa, blanco plomo, azul verdoso y azur. Los ocres eran soberbios. «¡Qué dominio del color tienen aquí!», se maravilló Margot. En la plaza mayor había un abeto iluminado que lo dominaba todo, de quince metros de altura y con esculturas y un tobogán tallados en hielo a sus pies. En un extremo de la calle Lenin, sobre un pedestal, el decidido líder mostraba el camino. En la calle Karl Marx, convivían las ruinas grecosoviéticas y los lujosos escaparates típicos de las grandes capitales.

El folclore y el modernismo *kitsch* se entremezclaban en comercios y cafeterías. También pasamos por un mercado central al aire libre, que en aquella estación del año era más bien un congelador a cielo abierto lleno de frutas, verduras y pescado duros como piedras. Cerca de allí, el mercado chino era un laberinto de fantasía y el reino de las baratijas, necesario para todos, tanto para los clientes como para los vendedores. Finalmente, pasamos junto a un club donde Yuri me contó que se bebía *whisky* añejo en sillones de cuero bajo una luz cobriza. Era una miscelánea extravagante que poseía toda la belleza funambulesca de una ciudad siberiana en medio de la taiga de principios del siglo XXI. Era cuanto buscaba: otro mundo donde todo parecía posible.

Por la tarde, mientras Diane y Margot descansaban en el hotel, Yuri continuó la excursión conmigo. Me enseñó los teatros, los museos y las salas de conciertos. Me explicó quiénes eran los responsables culturales de la ciudad, me ilustró sobre el papel del alcalde y del gobernador de la región de Irkutsk, con quien tenía una buena relación. Fue Yuri quien me introdujo en aquella sociedad durante mis primeros días allí. Pasamos frente a la llama eterna que rinde homenaje a las víctimas de la Gran Guerra Patriótica (1941-1945) y acabamos el paseo frente a un monumento recién construido, una estatua de Iván Pojábov, el ilustre cosaco que fundó la ciudad de Irkutsk en 1661. Nos encontrábamos a orillas del río Angará. No estaba congelado y de él emanaban grandes nubes de vapor de agua; el paisaje poseía una belleza sobrenatural. «Aquí no llega el hielo, aunque estemos a –40 °C: el Angará corre demasiado rápido e impetuoso como para doblegarse a él».

Yuri y yo nos despedimos y me dejó con aquella frase y un ejemplar de la primera traducción al ruso de *Miguel Strogoff*. La responsable de esta reimpresión era una mujer llamada Marina Alexandrovna; podía ser útil, me la presentaría. Volví al hotel caminando. Pasé por el tobogán de hielo, que estaba atestado de gente. Al fin, me permití descansar. Aquella noche dormí como un tronco.

Al día siguiente, salí del hotel bajo una luz cegadora. –20 °C. El frío era agradable y seco. Mientras caminaba, pensé en la maraña de causas y circunstancias que me había llevado hasta allí, hasta la Siberia oriental, hasta la acera congelada de la calle Rossíiskaya. Al repasar el absurdo hilo de los acontecimientos, uno se da cuenta de que la historia podría haber tomado otro rumbo. Uno puede intentar actuar según sus deseos e incluso, si quiere, labrarse su propio destino, pero, al final, el azar es fundamental. Da vértigo, ya que queda fuera de nuestro alcance. Por diversión, nos imaginamos en cualquier otro escenario y fantaseamos. Nos imaginamos en otra parte y nos vemos en otra piel. Llevaba en la mano el ejemplar en ruso de *Miguel Strogoff*. Pensé en Julio Verne, que no era completamente ajeno a la placa que colgaba, entre otras, de la fachada frente a la cual acababa de detenerme:

ALIANZA FRANCESA

Viajo al 215 del bulevar Saint-Germain, en París. Es el año 1884. Se celebra una asamblea con hombres de largas barbas, patillas y bigotes imperiales y con las puntas peinadas hacia arriba. Solo uno de ellos está recién afeitado: es más pequeño, más rollizo, más encorvado y cuenta con muchos más admiradores en aquella época que cualquiera de los demás. Entre los asistentes hay licenciados, universitarios, científicos, un misionario católico, el editor Armand Colin y Julio Verne. Son ocho. Sabemos que Verne llegó tarde aquel 10 de marzo. Y sabemos por qué: temía el rostro grande y lampiño y la seria mirada de Ernest Renan. Había otra mirada igualmente incisiva, la de Louis Pasteur.

Un año antes, el primero había recibido al segundo en la Academia Francesa. Un sillón había quedado libre, el de Émile Littré, autor del *Diccionario de la lengua francesa.* El sillón de Littré. No era moco de pavo. Julio se había presentado como candidato, no era la primera vez y, como cada vez, Alejandro Dumas hijo lo había apoyado, y, como siempre, se le había denegado el sillón. Eligieron a Louis Pasteur, que había prestado un gran servicio a la ciencia y a la humanidad, como argumentó la Academia, y con razón, pensó Verne, pero ¡maldición!, un físico y un químico en la Academia Francesa, cuando había sido él quien había llevado al capitán Nemo, a Phileas Fogg y a Miguel Strogonoff a todas las bibliotecas, tanto a las estanterías como a las mentes de personas de todo el mundo. Podría decirse incluso que se infiltraba en las mentes de las personas, él, Julio Verne, y aun así, lo mantenían siempre alejado de la Academia. Qué injusticia. Tenía lectores incluso en el Imperio ruso y su editor le había asegurado que vendía pero que muy bien: lo leían hasta en Kamchatka. Sin embargo, no lo tenían en cuenta. Sus compañeros se lo dejaban claro. La idea de que, tal vez, nunca formaría parte de la Academia lo consternaba. Julio Verne sentía un gran respeto por el sombrero de dos picos y el hábito verde.

He ahí por qué, aquel 10 de marzo, tras haberse encontrado con la seria mirada de la literatura y la incisiva mirada de la ciencia, Verne no participó demasiado en los debates. Ernest Renan dio un discurso brillante, como de costumbre. Todos lo escucharon con respeto. Verne lo envidiaba. Se habló de patria, de nación y de raza, de filología, de civilización y de la conquista lingüística. Había que infiltrarse en las mismas mentes, pensaba Julio Verne. De eso se trataba: de colonizar las mentes. Así, aquel pequeño comité fundó oficialmente la Alianza Francesa, «la asociación nacional para la propagación de la lengua francesa en las colonias y en el extranjero». El 10 de marzo del 1884, en el 215 del bulevar Saint-Germain.

Al cabo de poco más de un siglo, subo por aquel mismo bulevar y paso frente al número 215. Acabo de salir del Muelle de Orsay. He firmado el contrato y el papeleo está en regla. Me dirijo hacia el bulevar Raspail, donde se encuentra la fundación de la Alianza Francesa. Entro en una pequeña habitación donde hay unas pocas personas. A cada uno se nos destinará a un extremo diferente del mundo. Nos ofrecen dos días de formación. Aún recuerdo el discurso de clausura, en tono docto y suave, ensalzado por aquella posición cómica que a menudo adoptan los temperamentos literarios que se embarcan en las aventuras de la alta administración: éramos héroes franceses. Nos esperaban hermosas batallas y grandes victorias. Íbamos a participar en la expansión de la lengua y la cultura francesas. Nuestros recursos serían ridículos, pero eso daba igual, porque llevaríamos la insignia de los valientes. El secretario general de la fundación citó a algunas eminencias, era lo que tocaba. Cerró la ceremonia con una frase que afirmaba que la soledad, en una noche oscura y fría, es una pena que se alivia con la certeza de saberse dotado de un sentido y de una misión. ¡Héroes de Francia! ¡Hablaréis y compartiréis la lengua en la que se escribieron los derechos humanos!

En Moscú, donde pasé unos días antes de volar hacia Irkutsk, quedé con Mireille, que trabajaba duro para coordinar la imposible red de delegaciones de la Alianza Francesa de toda Rusia. Nos habíamos conocido unos años atrás, durante mi estancia en el país de los cosacos. A menudo nos cruzábamos con las mismas personas por los pasillos de la embajada francesa, en la calle Bolshaya Yakimanka. Llegué justo en mitad de la gran reunión anual, llamada COS en aquella época. El consejo de orientación estratégica reunía al pequeño ejército de héroes franceses en el frente ruso. Bajo los auspicios de un pequeño senescal llamado COCAC (Consejero de Cooperación y de Acción Cultural), toda suerte de caballeros discutían planes y conquistas. Normalmente se les llamaba «adjuntos». Había un adjunto audiovisual, un adjunto de cooperación científica, adjuntos de cooperación para el francés y algunos más, acompañados de sus pajes y escuderos. En aquel lugar, no era extraño encontrarse con estafadores y los caballeros hacían las veces de cortesanos para aspirar a los favores del señor de la casa, su excelencia el señor embajador, como descubriría pronto. Las zancadillas y las traiciones marcaban el día a día. Vivir y trabajar en otras regiones, lejos de la humillación de la corte, era la mejor opción que los héroes franceses tenían para gozar de libertad. Llegaron a la capital para la reunión anual.

A veces los tratábamos con indiferencia, otras con altiva desconfianza y, en menor medida, con cierta estima, eso sí, con esa estima comedida que los diplomáticos y los adjuntos saben profesar cuando conviene a sus intereses. Los héroes de la Alianza no pertenecen a la corte. Eran una especie de campesinos, pero poseían las llaves de regiones tan vastas como países, en otras palabras, las llaves del Imperio. Los más astutos lo habían comprendido. Los demás se imaginaban gobernándolo todo desde la embajada y las recepciones de Moscú.

Por aquel entonces, había doce delegaciones de la Alianza Francesa que cubrían el inmenso territorio ruso. Era poco, era emocionante y, también, agotador. Esto fue lo que Mireille me contó en su despacho, desde donde intentaba coordinar y ayudar a las doce organizaciones que sufrían casi todos los días los ataques de la burocracia rusa, con sus accesos de paranoia y de agresividad autócrata. Tiraban a duras penas, pero los directores sacaban tajada de la desmedida francofilia que se extendía por toda Rusia. Se trataba de un territorio conquistado pero intransitable. Mireille me advirtió de que, en Irkutsk, la asociación se enfrentaba a importantes dificultades económicas: cabía la posibilidad de que tuvieran que cerrar. La mitad del personal había dimitido. El gobernador de la región tenía lazos estrechos con el Kremlin; era un hombre que se movía en las altas esferas. El alcalde había sido elegido con el apoyo de los comunistas hacía unos meses. La política local no era muy comprensible en Moscú; era casi más opaca que el puñado de pirañas de la embajada francesa.

—Bromas aparte —concluyó Mireille—, la Alianza Francesa de Irkutsk tiene solo unos meses para salir del hoyo, pero, si te soy sincera, no sé si hay muchas posibilidades.

Mi misión consistiría en resucitar la institución o efectuar su liquidación. Éxito o muerte. En mi mano estaba encontrar allí los apoyos y los fondos necesarios. Un hombre competente, Yuri, que presidía el consejo administrativo de la Alianza, me ayudaría en esta tarea.

Podría haberme amedrentado ante tales perspectivas, pero no fue así. Pensé que el contexto era perfecto. Mis predecesores habían fracasado, el camino estaba despejado. Creí que podía ser una odisea memorable, una hermosa historia de heroicidad que sería legendaria entre los propios héroes. El orgullo de aquella gran prueba se confundía con la ardiente alegría del conquistador que pone un pie en el Nuevo Mundo.

Antes de dejar la embajada, el amo del lugar, su excelencia, me concedió una entrevista. Hablamos del tiempo, de política local y de la riqueza cultural. Lanzó con convicción algunos tópicos sobre la vida en Siberia antes de recordarme lo más importante: si las delegaciones de la Alianza fueran asociaciones independientes y si yo tuviese que tratar con un consejo de administración ruso, yo sería, durante el periodo de vigencia de mi contrato, un empleado del ministerio de Asuntos Exteriores. No debía olvidarlo. Estaba allí para servir, contaban conmigo. Las oficinas de la Alianza constituían herramientas estratégicas. La diplomacia cultural y su influencia eran mi objetivo a partir de aquel momento. ¡Buena suerte y buen viaje!

La Alianza Francesa de Irkutsk se encontraba en la última planta de una biblioteca, en el número 20 de la calle Rossíiskaya. En la planta baja había un local del Partido Comunista, atestado de enormes pilas de documentos y con un póster probablemente irónico de Stalin que ofrecía consejos de autoayuda. Subí los altos escalones de piedra que llevaban a la cuarta planta. Allí encontré dos aulas, antiguas y polvorientas, con la pared llena de fotografías de una París en blanco y negro que no existía desde hacía por lo menos un siglo, tal vez dos. También había una sala dedicada a los libros, repleta de estanterías. La presencia humana era casi inexistente. Olga era la única ocupante de la gran y silenciosa estancia, una superviviente tras la huida del resto de empleados, y se convirtió enseguida en mi mano derecha. Aquello se animaba entre mediodía y la una. De repente, parecía un auténtico desfile, a primera vista inexplicable. Pronto lo comprendí: las bibliotecarias de las plantas inferiores —todas mujeres— hacían allí su descanso. Era un sitio tranquilo y bien equipado. Sacando algunos diccionarios del fondo de la habitación y apartando las antologías de los poetas parnasianos, conseguimos hacer sitio para un microondas. Todas salían de allí con su bol humeante, caminando con cuidado de no derramar nada. La sala se llenaba entonces de todo tipo de aromas; olía a manzana, pescado o carne. La Alianza Francesa cumplía al menos esa función, tenía un público fiel que se presentaba cada día a la hora del almuerzo. Eso fue lo que le escribí a Mireille cuando me pidió un informe de la situación. En el despacho que me asignaron solo encontré un desorden indescriptible y una fotografía enmarcada. A alguien le había parecido buena idea, hace tiempo, colgar en la pared la famosa fotografía de una locomotora que atravesó la pared de la estación, cayó diez metros y colisionó contra el suelo. Se trataba de un viejo incidente que se había convertido en icono de vete a saber qué. Al pie de la fotografía se leía: «El accidente de la estación de Montparnasse, que tuvo lugar el 22 de octubre de 1895». Medité por un momento frente a la locomotora, que se balanceaba en el vacío y besaba con dureza el pavimento. Al día siguiente, la descolgué. Olga quiso guardarla en un armario.

Mientras todo esto sucedía —ahora me hago una idea—, me observaban desde las sombras. Recogían los primeros datos desde una furgoneta o un coche de cristales tintados con la ayuda de un IMSI-catcher. Captaban, extraían y escuchaban. Registraron mi habitación de hotel en mi ausencia y, más tarde, también nuestro apartamento. Ya estaban manos a la obra.

IX

Siberia es una fiesta

Vasili Golovánov cuenta en uno de sus paisajes narrados: «Durante el siglo XIX, Rusia y Francia no dejaron de enfrentarse en batallas sangrientas, pero en ningún momento hubo odio entre los dos pueblos».

Una pajarita plateada adorna mi cuello. Veo a Yuri y su amplia sonrisa. La mía era igual aquel día. Me escucho a mí mismo dando un discurso formal, pero algo cómico. Frente a mí, hay una audiencia de responsables políticos y culturales, rectores de universidad y hombres y mujeres de negocios vestidos de gala. También estudiantes, profesores y amigos. Entre los presentes están incluso mis amigos Alexandre y Viktor; también Olga, siempre fiel, y, por supuesto, Margot y Diane, que corretea entre las piernas de los invitados. Digo unas palabras que celebran la amistad francorrusa. Hablo sobre la fraternidad. He ahí mi pequeño defecto; siempre saco este tema.

Ya han pasado dos años desde que llegué a la noche siberiana. Inaugurábamos nuevas delegaciones y celebrábamos los diez años de la existencia de la Alianza Francesa en Irkutsk. Unos cocineros saboyanos nos ofrecieron un bufé y unos vinos que tuvieron mucho éxito, y un patrocinador nos obsequió con unos vasos de coñac con aroma de miel y pan tostado. El embajador había viajado hasta allí con unos cuantos de sus cortesanos. Mireille me señaló la expresión de satisfacción que se dibujaba en su rostro. Se acercó a mí mientras el embajador dirigía unas palabras de agradecimiento a las autoridades locales, ganándose al público a su manera, con unas palabras que conocía muy bien, ya que se las había escrito yo mismo.

—Tu pequeño negocio está prosperando —me dijo Mireille al oído—. ¡Enhorabuena! Nadie habría apostado por Irkutsk hace un par de años... ¡Y qué alegría volver al Baikal mañana! ¡Espero que nos lleves a patinar!

Observé a Margot, que charlaba con los invitados. Regalaba abrazos y apretones por doquier, estaba radiante. Reía con los interlocutores más alegres y dialogaba con gravedad con los más serios. Era mi apoyo constante. Gestionábamos proyectos de lengua, de arte, de cultura y de belleza. Aquello era un espectáculo. La mano de Margot se posó sobre el hombro desnudo de Marina Alexandrovna, la mujer del alcalde de la ciudad. Se inclinó y exhibió su mejor sonrisa sin enseñar ningún diente. La increíble magia de mi compañera hizo efecto. Marina se convirtió en nuestra aliada.

Era una novela que nos contábamos y en la que vivíamos. Yo había creado mi personaje y Margot, el suyo. Era como un juego, pero era serio. Nos estábamos infiltrando metódicamente en las *tusovki* más influyentes de la ciudad.

La palabra *tusovka* no existe en nuestra lengua. Apareció en Rusia a finales del siglo XX, seguramente en los círculos criminales. Hoy en día se utiliza para designar a un grupo de hombres o de mujeres que comparten una manera de ser, intereses, profesión, ideas políticas o todo a la vez. En Irkutsk había una *tusovka* de considerable importancia formada por mujeres de negocios que celebraban reuniones y se ganaban a filántropos y patrocinadores. También había una *tusovka* compuesta por todos los jóvenes empresarios amantes de los vinos, de los licores y de las barbas cuidadosamente recortadas. Otra *tusovka* era la de los opositores políticos, formada por unos cuantos periodistas, artistas y blogueros inconformistas. Algunas *tusovki* entrañaban historias sórdidas, como aquella impenetrable que incluía a algunos banqueros y a los propietarios de las fortunas del negocio del gas; o aquella que tenía como protagonistas a emprendedores patriotas, cómplices del gobernador para asuntos de lo más retorcidos. Los pequeños círculos eran muy numerosos y podían ser tanto competidores como aliados. Normalmente, prevalecía la indiferencia. Mi tarea consistía en buscar aliados con dinero para desviar su caudal hacia los proyectos de la Alianza Francesa. Aunque lo cierto era que, más que un torrente de dinero, era un simple reguero. Pero aseguraba nuestra supervivencia. Contra el progreso siempre depredador de la industria cultural, la protesta es inútil y simbólica, pero a veces exhibe una belleza inesperada, algún comentario o una mirada, y de ahí surge una pequeña *tusovka.* En algunas ocasiones, es ridícula. Fracasa, falla y vende su alma. Sin embargo, otras, es todo un éxito.

En un país en el que, desde Moscú hasta Magadán, cualquier cafetería tiene en su menú un pastel llamado «Napoleón», son muchas las *tusovki* que promueven la cultura francesa, y no siempre alrededor de una mesa, aunque, cuando se participa en un ritual que incluye bebida y comida, surge una conexión especial. El amor por Francia se hace palpable en Rusia entre las invariantes, está grabado a fuego en la lengua de Pushkin. Lo experimenté incluso en un hospital psiquiátrico. Tras mi estancia en prisión, me ingresaron allí veinte días, cuando aún tenía la violencia del mundo grabada en las retinas. A finales de la primera semana, uno de los residentes se acercó a mí. La estancia de Genia estaba llegando a su fin y apenas me había dirigido la palabra hasta aquel momento. Me contó su historia. Había perdido a su madre y el trabajo el mismo día. No pudo mantener la cordura. Ya no era el pilar de la familia, ni el padre, ni el hombro en el que apoyarse. El dolor había surgido de una forma violenta y la ansiedad se había apoderado «de la carne»; así me lo contó él.

Con aquel colapso, afloró la idea del suicidio. Lo intentó en dos ocasiones. En la segunda, su hija de ocho años lo encontró sin conocimiento, borracho, atiborrado de benzodiazepinas y con una bolsa de plástico en la cabeza. La técnica era buena. Pero ella no tendría que haber estado allí. El equipo de emergencias no estaba seguro de si seguía vivo cuando le pusieron la máscara de oxígeno, pero aún respiraba. Después, enloqueció. Se las arregló para hacerse un profundo corte de veinte centímetros de largo en medio de la espalda; nadie supo cómo. Lo internaron. Seis meses más tarde, allí estábamos, en compañía de aquel atajo de desorientados y de tarados. Tenía el aspecto de quien se ha salvado por los pelos y la medicación acentuaba ese aspecto de gigante frágil. Se estaba recuperando. Saldría en unas pocas horas. Quería un regalo para Tania, su amor. Tania había cargado con el peso de todo a duras penas; con él, un gigante inestable, y con todo lo demás: créditos, deudas, su hija y las miradas ajenas. Se merecía el mejor de los regalos. He aquí la razón por la que Genia se acercó a mí aquel día para contarme su historia y pedirme un favor: que le escribiera un poema en francés. Yo pasaba los días leyendo y escribiendo en un cuadernito, y aquello lo llevó a pensar que era la persona idónea para tal encargo. Quería un poema con fuerza y a la vez elegante. Su tímida pregunta dejaba entrever su angustia. No pude negarme.

Aquel día, me di cuenta, no sin consternación, de que no me sabía ni un solo poema de amor entero. Recordaba algunos fragmentos y ninguno de ellos encajaba, el resultado era un batiburrillo lamentable: «La ausencia es al amor lo que el viento al fuego», «Que apaga al pequeño y aviva al grande», «Mi niña, mi hermana», «¡Piensa en la dulzura de vivir allá juntos!», «Amar libremente», «¡Amar y morir en el país que a ti se parece!», «No hay ningún amor feliz», «Porque te amo tanto que hasta tiemblo», «Y así por todo el tiempo que tú quieras» «Dormiremos juntos», «Y me iré lejos, muy lejos, cual bohemio», «por la Naturaleza, —feliz como con una mujer», «¡Oh! nuestros huesos se han revestido de un nuevo cuerpo amoroso», «¡Oh, el amor!», «Cuando te atrapa te despides para siempre de la prudencia», «Vamos, linda, a ver si la rosa…».

No era un poema, era un batiburrillo. Y la mayor parte de los versos estaban fuera de lugar. Aquello decía mucho de mis carencias. Mi memoria no había retenido ni tan solo un poquito de literatura romántica.

No hubiera hecho falta
más que un momento
para que la muerte llegara,
pero una mano desnuda

acudió entonces
y agarró la mía.

Tenía el principio, legado de Louis Aragon. El amor por encima de la muerte siempre es una apuesta segura. Era simple y perfecto. No me sabía el resto del poema, así que se lo escribí yo mismo a Genia. Necesitaba aquel mantra, lo exigía. Por supuesto, él no hablaba francés, ni sabía leerlo, pero necesitaba el poema. Me insistió en que aquel trozo de papel sería para Tania y para él un símbolo importante y que me correspondía a mí crearlo. Tenía dos horas, tal vez tres. Me esmeré.

Tania entró en aquella sala llena de chiflados. Dio las gracias a los médicos y a todo el personal. En sus rostros se dibujaban amplias sonrisas de emoción. Genia esperaba muy recto y nervioso, como en guardia, con una bolsa de plástico descolorida en la mano, donde llevaba sus pertenencias. Murmuró unas palabras de agradecimiento para su amigo Napoleón; así me llamaban allí. Le entregó a Tania el trozo de papel y yo intenté explicarle con torpeza lo que ponía. Se lo leí. Me tomé mi tiempo, arrastrando cada sílaba. Hacía meses que me hallaba sumido en las tinieblas, pero, aquel día, junto a Genia, Tania y los demás, volví a sentir que era yo. Mientras leía, reparé en que había levantado la voz. Me había dejado llevar por aquella escena lejana. Recitaba por los locos, por aquellos que lo comprendían y a los que consolaba, por los suicidas, por los que tenían miedo, por el escalofrío que me recorría la espalda, por los que amaban, por los que no y por aquellos que ya no entendían nada. Tania me miraba con intensidad; unos lagrimones le cayeron sobre los desgastados botines. Creo que Genia también lloraba, pero yo ya no veía nada. Me abrazó y me dio unas palmaditas en la espalda. Se marcharon con el trozo de papel. Un enfermero me puso una mano sobre el hombro y le dijo a su compañero: *«Eto nash tcheloviek»*.

«Es uno de los nuestros».

Algunas historias nos llaman y las acabamos escuchando. Ciertos papeles, aunque estén hechos para nosotros, son difíciles de representar. Yo me había reencontrado conmigo mismo en la nave de los locos.

En fin, nos encontrábamos en el momento de pleno apogeo de la fiesta del décimo aniversario de la Alianza Francesa. Los discursos y las muestras de afecto habían terminado y los *disc-jockey,* ayudados por el alcohol, se habían hecho con el control de la fiesta. Los invitados bailaban en el gran salón. Fui a por un vaso de coñac y me uní a Margot y a Marina Alexandrovna en la salita. Brindamos.

«¡Por Miguel Strogoff, el emisario del zar que nos ha unido!».

Miguel Strogoff es uno de esos seres mitológicos un tanto anticuados con los que algunos se identifican cuando emprenden un viaje. Aún hoy se manifiesta en la mente del viajero que se dirige a Siberia. Julio Verne nunca estuvo en Rusia, pero se pueden seguir con facilidad los pasos del emisario del zar; Miguel Strogoff, un hombre que se juega la vida en la peligrosa travesía de Moscú a Irkutsk. Confieso que nunca he leído el libro. Creo haber visto una adaptación televisada cuando era niño, no estoy del todo seguro. Aquella historia no jugó ningún papel importante en mi vida. Fue otro libro el que me hizo amar Rusia desde muy joven: *El general Dourakine,* la obra maestra de la condesa de Segur. Sin embargo, había abrazado la mitología de Strogoff para complacer a Marina Alexandrovna. Esta sonrió y posó los labios en la copa de champán. Se disculpó en nombre de su marido, que se había entretenido en el ayuntamiento.

Aquella pareja era un misterio.

Con su inocente flequillo y aquella cara infantil, el alcalde no infundía respeto alguno. Sin embargo, había demostrado su competencia con brillantez. Hijo de un trabajador ferroviario de un pueblo de la región, había salido ileso y enriquecido de la confusión de los años noventa, ataviado con el típico traje de hombre de negocios que desde hacía tiempo era también el de los políticos. Poco antes de mi llegada, había sido elegido alcalde de Irkutsk gracias al apoyo de los comunistas. Su victoria frente al candidato de Moscú había sido toda una sorpresa. Un día me confió durante una de nuestras escasas conversaciones que ni siquiera lo celebró, ya que enseguida se puso manos a la obra. Para apaciguar los ánimos de los vencidos, para disuadirlos de ponerle precio a su cabeza y evitar ir a prisión, el alcalde había incorporado a su equipo algunos hombres influyentes de entre sus adversarios. No tenía experiencia ni disponía de ningún consejero de confianza, así que se aseguró de combinar lo práctico y lo esencial para su supervivencia. Tres meses después de hacerse con la alcaldía, fue precavido y se unió al partido presidencial. Era una medida preventiva ya que, por más que quisiera cambiar el sistema, le gustaba su vida y se preocupaba por su negocio. Oponente y apoyo inquebrantable del presidente, aquel hombre de negocios comunista sabía lo que hacía.

Marina Alexandrovna era todavía más extraordinaria. Su voz soñadora de ratoncilla confusa, sus poses de *barynya* y su actitud santurrona habían conquistado no solo el corazón de aquel hombre de negocios, sino también el de los medios de difusión del partido e incluso el de toda la ciudad. Acababa de dar a luz a su tercer hijo y, sin embargo, acudía a todas las citas sociales. Por las tardes, organizaba galas benéficas, bailes, subastas y se pasaba el día de arriba abajo haciendo campaña para su gran proyecto: una reconstrucción fiel de la catedral de Nuestra Señora de Kazán, que había sido destruida por los bolcheviques en 1932, en la plaza central de Irkutsk.

—¿Resucitar la catedral más grande de Siberia? ¡Qué locura! —decía Alexandre con indignación cuando hablábamos del tema—. El capricho y la fantasía de la maldita Iglesia... ¡qué pereza! Están cada vez más cómodos, esos culos benditos. Vamos de mal en peor, ¡nunca nos libraremos de ellos!

Viktor era el responsable de hacer la maqueta y el encargo le resultaba de lo más cómico. El proyecto de la obra era inmenso, por lo que habría que deshacerse de los edificios de la administración regional. ¿Debían reformarse o demolerse? Entre bastidores, los arquitectos y los urbanistas habían competido entre sí con propuestas disparatadas y simulaciones inverosímiles. En un principio, nadie se había tomado en serio el proyecto, lo concebían como un capricho de aquella mujer. El alcalde defendía la idea, pero no con la suficiente vehemencia ante el gobernador. Contaba con apoyos, pero siempre desde la distancia y sin comprometerse demasiado. Nadie podía predecir en qué acabaría el proyecto. Marina soñaba con una inauguración a la que acudiría el patriarca de Moscú y de todas las Rusias y el eterno presidente Vladímir P., con ella como el centro de atención y con el hombre de negocios comunista, oponente y a la vez apoyo del régimen, como fundador de la iglesia. La gente se reía ante tal perspectiva, aunque todos sabían que no era un escenario imposible.

Miguel Strogoff era la otra obsesión de Marina. Verne concibió este héroe para complacer tanto al zar como a los lectores rusos, siguiendo los planes de su editor, que vendía en Moscú y en San Petersburgo. *Miguel Strogoff* estaba destinado a ser el superventas de toda Rusia. Sin embargo, no fue así; aquella mitología no arraigó ni en el Imperio ni más adelante, entre los sóviets. Con todo, sí que lo hizo en París. Y un siglo después, había fascinado a Marina. El autor francés más traducido del mundo hablaba sobre la capital de la Siberia oriental, y yo le dije que todos los franceses habían crecido con *Miguel Strogoff* (no quise desilusionarla) y que todos habían leído la descripción de Irkutsk en una frase precisa y perfecta al principio del capítulo XII: «Irkutsk, mitad bizantina, mitad china, se convierte en europea por completo, con sus calles pavimentadas con macadán, bordeadas de aceras atravesadas por canales y sombreadas por gigantescos abedules; por sus casas de piedra y de madera, algunas de las cuales tienen varios pisos; por los numerosos carruajes que circulan por ella, no solo tarentas y telegas, sino berlinas y calesas; y, en fin, por toda la categoría de sus habitantes, muy al corriente de todos los progresos de la civilización, a los que no resultan extrañas las más modernas modas procedentes de París».

Julio Verne nunca había visto Irkutsk, pero sus palabras habían llegado al corazón de Marina. Me repetía una y otra vez que Verne parecía haberlo comprendido todo. Ulán Bator estaba a menos de una hora en avión y Pekín, a tres; sin embargo, Irkutsk tenía la mirada fija en Europa, y más concretamente, en París. Unos meses después, organizamos una exposición que viajó por toda Rusia. Durante varios meses, se olvidó del asunto de la catedral y de la demolición de la administración regional; Strogoff absorbía toda su atención. Creo que parecía agradecida. Sin embargo, yo no era responsable de dicha emoción. Me estaba aprovechando. La mujer del alcalde se había unido al consejo administrativo de la Alianza Francesa. Habíamos sellado una especie de pacto del que era testigo el emisario del zar. Mireille tenía razón; dos años después de mi llegada a la noche siberiana, mi pequeño negocio prosperaba. Las condiciones me habían sido favorables.

La velada se estaba alargando. Hacía ya un buen rato desde que Margot y yo habíamos puesto en marcha la máquina de la cordialidad empalagosa, de la adulación, del refinamiento y de las sonrisas, que resulta ser la misma que el mecanismo de batalla y el del desgaste del enemigo: la precaria y precisa maquinaria de poleas, ruedas y correas que forma una civilización. Ya notaba los síntomas del cansancio. Oí la voz de Yuri:

—¡Yoann, mi querido director!

Me hizo señas para que me acercara, estaba rodeado de funcionarios del ayuntamiento que querían hablar de negocios. El vicegobernador se unió al corrillo y, sin previo aviso, dijo con tono alegre:

—¿Sabe, Yoann?, lo he observado esta noche con sus invitados y se parece usted al presidente Vladimir P. No hay mayor cumplido.

Todos se rieron, excepto Yuri, a quien noté algo tenso. Mis labios respondieron dibujando la sonrisa que requerían las circunstancias.

—Es usted un especialista del disimulo y de las relaciones humanas —continuó—, como él. Y, al igual que usted, él también trabajó para los servicios de inteligencia. Trabajaba hace tiempo en Alemania para el KGB. Y ahora usted está en Rusia para... Mmm... ¿Cómo lo llamáis?

Algunos me miraban con curiosidad, otros con enfado y otros con malicia.

—La DGSE* —respondí sin emoción, con los labios aún estirados—, la Dirección General de la Seguridad Exterior.

El vicegobernador me contestó:

—Exacto, y nuestro presidente trabajaba con vuestra misma cautela, ¿lo sabía? Él también fingía dedicarse a la cultura. ¡Es increíble todo lo que tienen en común!

Se hizo el silencio. Necesitaba a Yuri para desarmarlo con una respuesta ingeniosa. Se trataba de una mecánica muy estudiada entre los dos: él solía acudir a mi rescate por mi deficiente dominio del ruso. Finalmente, contesté en francés:

—¡Me habéis descubierto! Solo os pido discreción, sería una lástima que me arrestaran ahora que me han prometido un cargo presidencial.

Yuri tradujo mientras yo hablaba, e imprimió en mis palabras la dosis justa de ironía para provocar algunas risas. No se quedaban cortos. Me habían acusado no solamente de espionaje, sino también de albergar intencio-

* Dirección General de Seguridad de Francia.

nes retorcidas. Y yo había reconocido mi culpabilidad. El vicegobernador me guiñó un ojo mientras se alejaba.

Diane se había dormido en uno de los sofás. Su canguro la tomó en brazos. Margot charlaba con Marta de su tema preferido: los vinos de Borgoña. Uno de mis abuelos y un tío mío eran viticultores, sin embargo, aquellas dos mujeres sabían mucho más sobre aquel tema que yo. Admiraba a Marta. No había llegado a los treinta y estaba a punto de abrir su segunda bodega. En el círculo de hombres estirados en el que su profesión la obligaba a moverse, era capaz de imponerse con fuerza, libertad y una impasible feminidad. Margot abandonó la fiesta con una botella de Chassagne-Montrachet en la mano y con la satisfacción de haber hecho un buen trabajo. Le prometí que me reuniría pronto con ella, tras despedirme de los últimos invitados.

Llegué tarde. El apartamento estaba sumido en la oscuridad. Cuando abrí la puerta, vislumbré al final del pasillo una mano furtiva que rodeaba a Margot por la cintura y que la atraía hacia el interior de la habitación. Había ropa esparcida por todo el salón, dos copas a medio beber y un sujetador colgando de la lámpara. Beguemot se paseaba con indiferencia por aquel escenario. Devoró un champiñón marinado que había en la mesa, se giró hacia mí y me hizo una mueca. Aquel gato era desconcertante. Me dirigí a la habitación de puntillas justo para llegar y ver que unos labios besaban los de Margot. Los conocía muy bien. Disfruté de la escena desde las sombras. Después llegó mi turno de besar los labios de Marta.

X

Fin de la partida

Iván el Terrible, borracho, decía en la comedia de Leonid Gaidái: «¡Exijo que se prolongue el banquete!»

Tímida y confusa, la voz se une al desastroso concierto del amor humano. La historia acaba conmigo en una celda. Es posible que Margot esté detrás de todo esto y que haya preferido ver cómo me pudro aquí antes que perderme o matarme. Es posible. O es imposible.

Nos amamos. Amaba con locura a Margot, y a ella le gustaba que Marta me amara; a su vez, Margot amaba a Marta, como Marta la amaba a ella y al igual que Margot me amaba a mí, y todo este amor hacía que las amara todavía más. Escribo estas palabras con una sonrisa en los labios, lo recuerdo con una alegría infantil. Nos amábamos. Lo sabíamos y a la vez, no. Disfrutábamos de nuestra suerte sin pensarlo demasiado. Cuando Marta se quedaba dormida en los brazos de Margot, la sola presencia de sus cuerpos en reposo me producía un bienestar de una intensidad casi irreal. Me dormía junto a ellas; ese era mi lugar. En cualquier momento, una de las dos vendría y se acurrucaría conmigo.

Evoco nuestras pequeñas siluetas en el medio del Baikal. Diane, Margot, Marta y yo hemos ido a la isla de Oljón. El frío es suave. Abandonamos tierra firme para caminar sobre el lago. El sol aligera nuestros pasos, nos deslizamos juntos. Pasamos por una gruta compuesta de piedra y grandes ríos de lava blanca; un reino de hielo que se despliega ante nosotros y que nos protege; cantamos; Diane se ha quedado impresionada con los tubos azulados que formaban un inmenso órgano diseñado por el propio hielo. Fuera, el Baikal ha formado unas ruinas de hielo diestro y salvaje, que se extienden hasta donde alcanza la vista. Es un entramado de aristas afiladas, blancas, cristalinas o azuladas, que forman gloriosos tótems y el rostro de una gorgona dentro de todo aquel caos. Es elegante, pero brutal y puro, salpicado de polvo de cristal y nieve. Se mueve, cruje y habla. La grieta parece tener vida propia. La luz es cegadora. Permanecemos todos juntos ante el resplandor.

Solo el Baikal fue testigo de nuestro amor. Nadie supo nunca nada, excepto los hombres que se ocultaban entre las sombras.

Marta me susurra al oído: «Mi sol…, mi corazón…, mi amado». Me quedo paralizado. Se aprieta contra mi espalda, se coloca de puntillas y comienza una danza sinuosa. Margot me pone una mano sobre la mejilla mientras desliza la otra lentamente por mi vientre y me deja completamente paralizado. Soy una presa fácil. Me tienen a su disposición, disfrutarán de mí o me abandonarán y se deleitarán la una con la otra; en tal caso, disfrutaré del espectáculo antes de degustar las nuevas escalas de *allegro* que hacen las delicias de nuestros cuerpos.

Una escena que me recuerda la sencillez de aquellos días es la de Margot y Marta tocando el piano juntas. Interpretaban la obra simple de Mozart, por supuesto; el corazón corría junto al alma, con sus animalitos de seda y de hielo en una fiesta que ya era nostálgica, pero cuyo placer arrasaría con todo.

Marta es como una ardillita. Margot le puso ese mote un día que acariciaba su larga melena pelirroja. Lo adoptamos. Los verdes ojos de la ardillita son fascinantes. Intento describirlos, pero solo se me ocurre algo así como dos perlas de ópalo y reseda. Se burlan, pero yo insisto. Finalmente, Marta me dice: «¡Yoanntchik, tú tendrías que haber sido poeta!».

Y como poeta, me encontraba en un estado de ensoñación. ¿Sería esa la razón de que no viera venir la catástrofe?

Quería sentirlo todo y de todas las maneras posibles, quería experimentarlo todo, desde todos los puntos de vista: estar en misa y repicando. Me vestía con la ropa de trabajo por las mañanas para atender los asuntos de la Alianza Francesa y, luego, me ponía una corbata a la hora del almuerzo para hacer negocios con el director de un teatro, con un banquero o con un político; después, asistía como invitado al plató de una cadena de televisión local o a la radio; cruzaba la taiga para recolectar miel y bayas con Ninel, mi amiga de setenta años que vendía su cosecha en un puestecillo de cartón en el mercado; acompañaba a Diane a la escuela todos los días y practicábamos pintura, origami y fotografía los fines de semana; le contaba un cuento todas las noches antes de ir a dormir para después acudir a algún evento, a una inauguración, al taller de algún artista, a un concierto, al teatro, a un club o a un bar. Me acerqué a ver a Serioja, un pescador que reclamaba mi atención; atendí un asunto urgente; escuché a nuestra amiga Anka, que tenía problemas con el cabrón de su jefe, el dueño del restaurante mongol de la calle Gorki; al día siguiente, di una conferencia y un curso para niños, conocí a un pope que quería convertirme, tomé un taxi, Marta y Margot me esperaban en la estación, subimos a un tren nocturno, había una exposición que se iba a inaugurar en Buryatia, conocimos a un chamán, visitamos un templo budista, subí al avión, acudí a varias reuniones en Moscú, en Kazán, en Vladivostok y en Novosibirsk, y a mi regreso, me dirigí al Baikal, con Alexander y Viktor. Me había recorrido Rusia de cabo a rabo, once husos horarios: aquella geografía desmesuradamente extensa acaba resultando excesiva.

Estaba ciego y sordo. Cuando Rusia se anexionó Crimea, Alexandre me advirtió de que el clima político estaba cambiando. Los grupos nacionalistas, generalmente invisibles, estaban alzando la voz, y mi nombre aparecía en una lista de indeseados. Me reí, lo mismo que hice cuando un equipo de agentes aduaneros vino a registrar la oficina de la Alianza Francesa. ¿De qué debía tener miedo? Un tal Smirnov se acercó un día a Margot y se presentó sin complejos como un agente secreto que la ayudaría a deshacerse de mí si así lo deseaba. No lo supe ver. Aquello eran los vestigios del folclore siniestro de otra época. Yo no corría ningún peligro, ya que Margot me lo había contado.

Smirnov y sus compañeros estuvieron más atentos que yo. Sabían que Margot no estaba bien. Echaba de menos París; la vida siberiana ya no le gustaba. Todo la sacaba de quicio, el vino adulterado casi más que el frío, pero, sobre todo, la danza de brujas lujuriosas que imaginaba que rondaban al director de la Alianza Francesa. Se alejó poco a poco de Marta y esta, de nosotros. Nuestra historia se torcía.

La taiga arde buena parte del verano. El mes de agosto llegaba a su fin. Marta se trasladó a Moscú. Nos dejó con pena y nos hicimos promesas que los tres sabíamos que no eran ciertas.

Así fue como todo empezó a derrumbarse. Por fin conseguí ver lo que le pasaba a Margot, pero nada cambió. El caos se apoderó de nuestras vidas y dio paso al estúpido y eterno juego de rupturas y reconciliaciones.

En su libro, *Fragmentos de un discurso amoroso,* Roland Barthes plantea una serie de preguntas sobre lo que él llama el *narrador proustiano.* «¿Es amor lo que siente? Solo son celos». Pocos son capaces de emitir un diagnóstico tan sencillo; es difícil de detectar, tanto para los humanos como para los personajes de tinta y papel. Por lo general, la gente prefiere compadecerse del celoso, hablar del sufrimiento del amor cuando ya solo hay dependencia, el imperioso deseo de tener a alguien prisionero y, tal vez, algún día, de llegar a ejecutarlo.

Los celos consumieron a Margot y ya no era capaz de amar. Poco a poco, los celos trajeron consigo la rabia y, pronto, ya solo quedó esta.

Una mañana de diciembre destrozó el baño por completo. Absolutamente todo. Los frascos de perfume estaban reventados y los espejos rotos: destruyó cada objeto que yo hubiera tocado. Pronto, no quedó nada que romper. Me comunicó con frialdad que iba a buscar a Diane al colegio, me prometió que no la volvería a ver nunca más y que acabaría entre rejas. La seguí por las escaleras y le grité algo así como: «¡Este es un país libre, Margot!». En la calle, hizo derrapar los neumáticos del coche sobre el hielo, perdió el control y chocó con una pared. Una hilera entera de carámbanos se desprendió del tejado y se estrelló contra el suelo con gran estrépito. Dos lagrimones cristalinos cayeron a mis pies y un tercero terminó sobre Beguemot, que había salido conmigo sin que me diera cuenta. Me acerqué y vi que tenía un corte en el cuello y que las tripas le asomaban por el costado. Por el hocico le salían unas burbujas escarlatas. De inmediato, me acordé del puñal de caza que me regaló Alexandre. Cuando bajé de nuevo, Margot estaba llorando y Beguemot sufría convulsiones. Con todas mis fuerzas, realicé un corte limpio con la hoja y la cabeza del terrorífico demonio rodó sobre la nieve.

Volvió la calma.

Más tarde, llegaron los remordimientos, las disculpas y las promesas. Esto ocurrió dos meses antes de la irrupción de los hombres encapuchados.

Enterramos el cadáver de un gato y, con él, los restos de nuestro amor.

XI

San Valentín entre rejas

Zek es una de esas palabras que aprendes cuando has leído los grandes clásicos de la literatura carcelaria rusa. Como era de esperar, Jacques Rossi le dedica una entrada en su *Manual del gulag:*

> **ZEK** (zek, zeka)
>
> Palabra creada a partir de la abreviatura oficial «z/k», que significa *detenido, soldado del canal* (detenido que trabajaba en las obras de construcción del canal del mar Báltico al mar Blanco de 1931 a 1933). Su uso se extendió por toda Rusia para denominar a un detenido.

Yo ya conocía la palabra, así que sabía perfectamente dónde estaba.

Hoy es el Día de San Valentín.

Me llamo Vania. Para la administración, soy el *zek* Barbereau, pero para mis compañeros de celda soy Vania. Es mi mote de presidiario. Los guardias a veces me llamaban «el franchute».

Se nota que he cambiado; cambiamos rápido. Cambiamos de tono. Ya hace tres días que estoy aquí. Tres días de aislamiento son suficientes para aprender algo.

El aislamiento —entre *zeks* lo llamamos la *cuarentena*— es la celda especial para los nuevos. Allí, todos los *zeks* damos nuestros primeros pasos en este mundo. Normalmente dura una semana, el tiempo que se prolonga el chequeo y el adiestramiento preliminar. Hay micrófonos y cámaras que escuchan y observan día y noche los veinte metros cuadrados que compartimos cinco o seis presos. Hay una mesa, dos bancos, unas literas, un lavabo y unas letrinas que desprenden una pestilencia que contamina todo el calabozo. Vanka, el tuberculoso con quien ya estuve en prisión preventiva, está allí. También Tolia, de veinticuatro años, que ha llegado un poco más tarde; Adam el iracundo y Kostia, también de veintitantos. Otros dos se marcharon el día que yo llegué, como dos sombras apenas perceptibles. Excepto Vanka, todos son unos *meones;* así llamamos a los detenidos más jóvenes. Yo tengo más de treinta, por lo que me libro del mote.

Durante la cuarentena te evalúan y te estudian antes de asignarte una celda definitiva. Detrás de la mirilla de la puerta, del ojo de la cámara y de los oídos del techo, hay alguien que decidirá nuestro destino, a qué sector nos envían o qué compañeros nos asignan, quiénes pueden ser unos pobres diablos, pequeños o grandes maleantes o asesinos y psicópatas.

Yo soy un *zek* un tanto especial. Todos se sorprenden al verme junto a ellos. «¡Un francés, me cago en la puta, por aquí no suele pasar gente muy educada!» Es la segunda vez que Vanka está en la cárcel de Irkutsk. Está muy delgado, tiene una tos enfermiza y unos ojos legañosos y perversos. Podría resultar muy aterrador y, sin embargo, a mí me inspira confianza, como todas las causas perdidas. Las dos canicas negras incrustadas en su rostro ajado no me parecen en absoluto amenazadoras. Parecen tristes. Saben qué doloroso camino les espera. Vanka no habla mucho. Como todos, es reflexivo, y hace sus cálculos, anticipándose a la factura que deberá pagar. Me habla como hace siempre. En la cuarentena, no se tarda más de dos horas en confraternizar con los compañeros. Me explica que el gran Kolchak estuvo en esta misma cárcel, hace mucho tiempo; el mismísimo almirante Kolchak, comandante supremo del Movimiento Blanco. En febrero del año 1920, fue fusilado sobre el hielo y, después, arrojado al Angará, según la versión oficial de los bolcheviques. Sin embargo, los *zeks* y los historiadores coinciden en que es más probable que muriera y fuera enterrado en la propia cárcel. Se hablaba mucho de Kolchak en las celdas. Para nosotros, abandonados en el olvido, hablar de él era como entrar en contacto una especie de belleza mitológica. En el centro de Irkutsk había una estatua impresionante de cinco metros de altura del almirante; recuerdo haber hecho alguna broma sobre el encanto de los dictadores militares cuando la descubrí. Alexandre, el maestro de la exageración, decía que Kolchak debía estar junto a Lenin, el hombre que sin duda había ordenado su asesinato. «¡Revolución y contrarrevolución en un mismo pedestal! Sería un precioso reencuentro. La humanidad es sorprendente, aunque bastante predecible. Se abandona la antigua rutina caníbal, el fuego y la sangre, y, cuando apenas ha salido del fango y de las cenizas, erige monumentos en honor a sus grandes carniceros para después volver a la devastación, al fuego, a la sangre y otra vez a la eterna vorágine. ¡Qué hastío!».

Vanka se burla de mí, me dice que un día figuraré en la lista de las eminencias de la prisión, junto a Kolchak, una famosa pareja de asesinos en serie y algún tarado más —he olvidado sus nombres. Me cuenta que entre los guardias corre el rumor de que el jefe del FSB de Irkutsk quería borrarme del mapa y lo ha conseguido. Tanto si piensan que soy una especie de espía como si asumen que tengo dinero y que, por lo tanto, estoy abierto al chantaje, no había empezado con buen pie. Gracias por la información, Vanka.

Durante la cuarentena, soy el más desvalido de los cinco. Los demás llegaron con algunos efectos personales. Yo no tengo nada. Llevo unos pantalones finos, la camiseta del águila y una chaqueta. Hace frío. El paseo a –20 °C no es mi momento favorito del día. Por suerte, llevo unas botas gruesas. Además, suele ser bastante rápido: quince minutos andando en círculos en un minúsculo espacio amurallado bajo un trocito de cielo enrejado. En el primer paseo, mi cabeza recién rapada recibió con gran sorpresa el frío siberiano.

No tenemos contacto con el exterior. Ese es el encanto de la cuarentena. Estamos completamente incapacitados. Solos con nuestros pensamientos. Ya es pasatiempo suficiente. Habrá que aferrarse a algo, querido Vania. Se trata simplemente de una cuestión de adaptación: a la luz que nunca se apaga, a la cámara, al micrófono, a la voz que ordena levantarse o que prohíbe tumbarse, y adaptarse a la radio del pasillo cuyo propósito es aturdirnos y enloquecernos, ya que solo la apagan por la noche y por las mañanas nos la colocan directamente en el interior de la celda. Uno puede adaptarse y soportar la humillación, el desprecio de los guardias, los rituales de adiestramiento, los registros, las manos en la espalda, la cabeza gacha, y también adaptarse y devorar la misma sopa cada día, hecha a base de verduras pasadas bañadas en manteca de cerdo. Después, cuando hay tiempo, toca pensar en el futuro, en la forma de defenderse y especular sobre lo que sucede en el exterior, esperar, temer, asumir que Margot es una traidora y acallar aquella voz infantil que repite dentro de mi cabeza: «¿Dónde está mi papá? ¿Dónde está mi papá?».

Hoy es San Valentín. Nos enteramos por la radio. Tolia está abatido. Está casado y piensa en su mujer y en su hijo. Intenta ocultar las lágrimas. Yo imito a Vanka y endurezco el tono cuando él lo hace. Damos unas palmadas al pequeño Tolia. Somos los mayores a cargo del más débil de nuestros meones. No dejaremos que se hunda. Nada de muestras de debilidad aquí, pequeño, esto es solo el principio; no sabes con quién te tocará en la próxima celda. ¡Arriba! No te vengas abajo. Venga, estamos contigo. No te quedes ahí solo, ven y cuéntanos.

En mitad de la noche, nos despiertan, nos sacan de la celda y nos hacen alinearnos contra la pared. «¡De rodillas! ¡Todos de rodillas! ¡Las manos en la espalda! ¡No en cuclillas, imbécil! ¡De rodillas!». Susurramos: «¿Qué pasa?». Las dos guardias nos mandan callar mientras se ríen y vacilan. Es la primera vez que las veo. Nos hacen volver a entrar a todos excepto a Adam, el iracundo. Nadie entiende nada. ¿Habrá cometido alguna estupidez? Nos acostamos de nuevo y esperamos. Adam vuelve cojeando. Se sienta en su cama y nos cuenta que las guardias están divirtiéndose. «Son tres mujeres. Se están emborrachando. Mierda, ya empiezan las palizas —nos cuenta Adam—, hijas de puta, no pensé que empezaran tan pronto, ¡en la cuarentena! Cuidado con los huevos, tíos, van a los huevos». Los que pueden se preparan poniéndose otro par de calzoncillos o un pantalón corto debajo del pantalón. Yo no tengo nada. «Y en Europa, ¿las cárceles son así?», me pregunta Adam. No lo sé. Tolia acaba de volver. Regresa silencioso y pálido. No me da tiempo de oír su experiencia. Me toca. Llego a una habitación pequeña donde hay una tele, unos clips, cerveza y vodka, pollo, patatas y pepinillos encurtidos. «¡Contra la pared! ¿Cómo te llamas?». «Vania». «¡Cállate! ¡Las manos arriba! Y la cabeza bien recta, Vania. ¡Separa las piernas! ¡Que las separes, imbécil!». Y justo en ese momento, recibo un porrazo en el sitio esperado, seguido de otro en la espalda que me tomo como una invitación para enderezarme. Me golpea la cabeza contra la pared y me engancha las esposas a la barra de hierro. «¡Bien recto!». Entonces, comienzan a charlar entre ellas sobre el adiestramiento de monos, de ganado y de animales de circo.

El dolor perdura. Es San Valentín y las guardias han decidido divertirse, vengarse o tal vez ambas cosas. Quién sabe. Todo sucede entre risas, música, euforia y cánticos. Los gritos quedan ahogados. Me sigue doliendo. El dolor me sube desde el vientre hasta el fondo de la garganta. Noto el sabor a vómito. Me sigue doliendo. Acabo de rodillas. Veo a una cucaracha que pasa por delante de mí, pero ni siquiera soy capaz de sonreír al pensar, como hago ahora, que soy como un insecto más entre desechos y parásitos. No es que haya perdido la capacidad de imaginar, es simplemente que mi estado mental en este momento no me lo permite. Tengo la cabeza en otra parte, me elevo como una partícula de polvo. Mi boca murmura algo. Una tercera guardia regordeta acaba de entrar, embutida en su uniforme de camuflaje azul y gris y grita: «Joder, ¿estáis locas? ¡Habéis traído al franchute!». Y otra responde: «¡Mierda, la hemos liado!». Levanto la cabeza y veo a la que lleva la porra con cara de decepción, como una niña a la que le acaban de quitar su juguete nuevo. Unas manos levantan al insecto en el que me he convertido, lo ponen en pie, y tanto su cuerpo como su mente vuelven a adoptar forma humana. «¿Por qué no has dicho nada, franchute?». Rechazo el agua que me ofrecen. La más atlética, que era la que me había pegado, y la regordeta me escoltan hasta la celda. Esta me pregunta si estoy herido. ¿Va en serio? Me pide que lo compruebe. ¿Que lo compruebe? ¡Vete a la mierda! Echo un vistazo. Ella también me mira por encima. Intercambian una mirada indescifrable. «¿Está bien?». «No lo sé». «Sí, está bien». La más agresiva me amenaza: «Ni se te ocurra quejarte o sabrás lo que es bueno, ¿ha quedado claro? Si hablas, franchute, la próxima vez te vas con un huevo menos, ¿ha quedado claro?».

No sé si habían recibido órdenes o si ellas mismas habían deducido que mis quejas podían llegar a escucharse. Qué más da. Habían dado un paso en falso y yo tenía mi posición asegurada. Mi instinto animal me decía que no respondiera. Sin miedo y sin odio, miré a los ojos a aquella mujer que me había pegado con gusto y saña. La regordeta intervino, apartó a la otra y se disculpó por la conducta de sus compañeras. Se trataba de un error. Ella era su jefa, y me dijo que aquel incidente no se repetiría. Se aseguraría de que así fuera. Entretanto, no debía hablar con mi abogado ni presentar una denuncia. Si lo hacía, ese sería el principio de un proceso incontrolable y, para protegerse, las guardias me acusarían de cualquier otra infracción. Me enviarían a una celda disciplinaria, que es lo más parecido al infierno, y todo acabaría mal. Me lo decía por mi propio bien.

—¿Entendido, franchute?

—Entendido. No denunciaré.

—Me alegro de que nos hayamos conocido. Si tienes algún problema por aquí, ven a hablar directamente conmigo, ¿entendido?

—Entendido.

—Me llamo María Konstantínovna.

Recorrimos los pocos metros que nos separaban de la celda. La jefa abrió la puerta y me indicó que entrara.

Dirigiéndome a la más atlética, añadí: «¿Y a ti, te ha quedado claro, *suka?*».

Suka puede traducirse como *puta, perra* o *zorra.* Aquella palabra significaba que estaba vivo y que me había adaptado al entorno. La jefa sofocó una carcajada; la oí mientras cerraba la pesada puerta tras de mí.

Tener la capacidad de sopesar tus opciones con rapidez es una virtud. A los demás, a la cámara y al micrófono les expliqué que se habían portado bien conmigo. Había tenido suerte, era el franchute. Nadie podía tocarme. Me subí con cuidado a la litera de arriba, que era la mía, sin dejar entrever los vestigios de los golpes que había recibido. No sabía si habían llegado a creérselo. El dolor disminuyó cuando me tumbé. Aquella noche no se llevaron a nadie más.

No me invento nada, tampoco intento hacerlo más interesante.

Ni me hables del Día de San Valentín.

XII

Fin de la cuarentena

Cuando descubrí Rusia, probé el *kvas,* una bebida excelente que me había recomendado Gógol; también probé los pepinos marinados, tan sabrosos como los de Chéjov, y un día en la cárcel, me sorprendí cuando Vanka me ofreció *chifir.* Eso significaba que aún se conservaba la tradición, todavía se elaboraba ese té tan fuerte, como hacían Solzhenitsyn y como en los *Relatos de Kolimá.* Se infusionan entre cincuenta y cien gramos de té para obtener un vaso de un líquido color negro azabache que acelera el corazón como si fuera una droga. Esto se lo explicó un médico a Varlam Shalámov; la receta se encontraba en uno de los libros de Julio Verne:

> He conocido a muchos adictos al *chifir.* De hecho, la bebida se remonta a mucho tiempo atrás. No la inventaron ni los mafiosos ni los carboneros. Jacques Paganel lo preparaba en Australia y se lo ofrecía a los hijos del capitán Grant. «Hay que hervir media libra de té en un litro de agua durante tres horas». Esta era la receta de Paganel. No me hables de mafiosos ni de peregrinos. No es nada nuevo.

«¡Celda 629, jefe! De cinco personas. Hoy le toca a Barbereau. ¡Un saludo!».

Hoy me toca a mí, en mi sexto día de cuarentena. El guardia abre la puerta. Estoy listo; me pongo firme, mis cuatro compañeros se colocan tras de mí. Recito la corta frase que me he aprendido al escuchar a los demás durante aquellos días. También está grabada en la puerta. Cuando acabo, todo el mundo toma aire para gritar a todo pulmón un rápido saludo militar: *«¡Zdrrra!»*.

Ya puede comenzar la inspección de la celda. Salimos con nuestros platos y cubiertos y nos colocamos en fila contra la pared, en cuclillas y con las manos a la espalda. Los guardias entran y examinan la celda. Levantan colchones y almohadas y los golpean con un palo todas las mañanas y todas las noches. Nos levantamos a las seis de la mañana, casi siempre con el himno de Rusia o con cualquier otra canción, y nos acostamos a las diez de la noche. El paseo es a las diez y media de la mañana. Los guardias nos guían; caminamos en fila, en silencio, con las manos a la espalda y con la cabeza gacha, obedientes. Hay dos órdenes: «¡En marcha!» y «¡Alto!». Cuando nos detenemos, tenemos que ponernos de cara a la pared más cercana, con las manos a la espalda. Nos detenemos cuando llegamos a una puerta cerrada o cuando nos cruzamos con otro grupo; uno de los dos está obligado a detenerse y esperar a que pase el otro. Forma parte del adiestramiento, lo aprendemos rápido. Basta con prestar atención y atender a la voz de quien manda. Si no se respetan las consignas, habrá una sanción, que, en el peor de los casos, será la celda disciplinaria, aunque siempre suele haber algo peor que el peor de los casos. Y lo peor es la injusticia, tan cierto como que existe San Valentín.

Comemos a las siete de la mañana, a las doce del mediodía y a las seis de la tarde.

La celda debe estar limpia cuando hay inspección. El encargado de la limpieza se hará responsable de cualquier negligencia, que será castigada con una sanción para él o para los demás. Así que limpio minuciosamente el suelo con agua helada y un trapo de tela. En el caso de las letrinas, es más complicado, ya que están carcomidas por la herrumbre y la humedad. Las paredes se caen a trozos. Ahí es donde fumamos. El hedor se mezcla con el olor a tabaco. Hay una bola de bolsas y plásticos en el agujero de deposición que ayuda a contener los efluvios y el reflujo. Pero no siempre es suficiente, hay que estar atento hasta justo antes de la inspección para evitar que se produzca un desbordamiento de desechos. Hoy han cortado el agua durante horas, igual que ayer, e igual que antes de ayer. Están haciendo obras en nuestra planta. «A partir de ahora —se burla Tolia, aunque sin tono de burla—, solo se nos suministrará agua si se solicita por escrito».

Maria Konstantinovna me ha proporcionado tres hojas de papel y un lápiz. Algo es algo. Los demás se ríen al verme todo el día encadenando palabras con mi letra de médico. Tolia me pregunta si he empezado a escribir mis memorias. Me dicen que debería. También tengo que hablar de ellos, insiste Adam. Hoy improviso una clase de francés a la que asisten todos y en la que todo el mundo participa. Nos divertimos, aunque sea un poco.

Los cigarrillos y las cerillas se dejan en el bote común; son nuestra única fortuna. Todos traían algunos cuando llegaron, menos yo. Fumo con alegría. Fumar es el único placer que experimento en el aislamiento. No importa tanto que la mierda nos llegue hasta las rodillas si podemos fumar.

Los colores comienzan a cambiar después del sexto día. La luz, que es de un triste color verdoso, ilumina unas paredes pintadas de un color igual de triste. Adoptamos el semblante gris de los *zeks.* Nuestros excrementos se vuelven pequeños y pegajosos, reflejo de lo que nos dan de comer. Todo sucede muy rápido.

Cuando un *zek* se presenta a otro, después del intercambio de nombres o motes, siempre surge la pregunta ya habitual de: «¿Qué artículo?».

El artículo de la ley por el que has sido condenado pasa a formar parte de tu identidad como *zek,* así como de tu destino. Vanka es un ladrón reincidente: artículo 158. Su último delito fue robar en la clínica donde unos meses antes le curaban la tuberculosis, enfermedad que me aseguró que ya no era contagiosa. Lo arrestaron mientras vendía las pastillas y el material médico que había robado. Lo denunciaron unos compradores a los que había estafado «un poco». No me contó más; Vanka es hombre de pocas palabras. Lleva grabadas en ese rostro demacrado un sinfín de penas no manifiestas.

Lo han condenado a cinco años. Su caso se corresponde al párrafo 2, por robo con allanamiento de un almacén.

Tolia no había robado nada. Artículo 158, párrafo 4. Unos amigos y él forzaron la cerradura de un coche. Una estupidez de borrachera. Pretendían dar una vuelta y luego devolverlo. Después de presumir unos minutos de aquel Audi, los muy tontos chocaron con un coche de policía. Se los llevaron a comisaría y confesaron. Así fue como incumplió el párrafo 4: robo agravado por pertenencia a una banda de crimen organizado. ¡La mafia, les digo, señores jueces! Tolia, el chico desgraciado a quien el vodka embarcó en una absurda odisea, fue condenado de este modo a diez años.

Kostia el taciturno está sumido en la vergüenza y la angustia. Cada día, su rostro parece un poco más hundido. Artículo 264. Conducía borracho. Una noche se dedicó a jugar a las carreras para impresionar a una chica. No había bebido demasiado, pero sí lo suficiente como para no ver a una mujer que cruzaba la carretera tras haberse saltado el semáforo. Murió en el acto, o eso quiere pensar, porque justo después del impacto que hizo volar por los aires a la desafortunada chica, el coche se deslizó sobre el hielo y pasó por encima de su cuerpo dos veces más. Dos veces, ya que dio marcha atrás. ¿Por qué? Entró en pánico, quién sabe. Sin duda, lo condenaron a la pena máxima: siete años. Una lástima; justo había empezado a trabajar y a olvidarse de sus años como huérfano. La familia de estadounidenses que iba a adoptarlo cambió de opinión. A veces, piensa en Estados Unidos, y en Nastia, su amor; ella lo esperaría, bailaba *country* y era la mejor. En los ojos sin brillo de Kostia se dibuja el sufrimiento de un joven bobalicón, hundido en la flor de la vida. Se sienta en la litera de arriba con las piernas colgando. De todos nosotros, es el más callado. Cada vez que abre la boca, su desdicha me conmueve: los labios le tiemblan y a duras penas le salen las palabras, como en la escena dramática de una obra de teatro.

Adam es el más hablador. Nunca abandona su tono sarcástico. Tiene una frase de presentación: «Me llaman Adam el iracundo». Los guardias lo tratan como un perro loco con el que hay que emplear mano dura. Me parece un buen hombre con mucha vitalidad. Me cuenta su historia con todo lujo de detalles. Artículo 338. Capturó y humilló públicamente a un instructor militar. Me lo cuenta con una amplia sonrisa. Tenía sus motivos. Habla muy rápido y sin vocalizar. Consigo entender que su hermano pequeño falleció hace unos años, pero no en qué circunstancias. El chaval era travieso, pero tenía un gran corazón que dejó de latir cuando un policía borracho lo mató a golpes. Su hermano, de apenas diez años, se defendió con furia. Murió de rabia, como dijo un testigo, destrozado por los golpes que le rompieron las costillas y le reventaron el hígado. Su madre perdió la cabeza y Adam se convirtió en Adam el iracundo.

Pasa el tiempo. Acaba los estudios y se convierte en soldado. Intenta librarse, pero el servicio militar es obligatorio en Rusia. En el cuartel, cree reconocer al policía en cuestión. No es tan descabellado; el incidente solo le supuso una reprimenda. Adam investiga y su teoría se confirma: el asesino de su hermano ahora es instructor del Ejército de Tierra. Una noche, atrapa y ata a ese cabrón con la ayuda de algunos compañeros. Lo encierran en una cabaña abandonada en mitad del bosque. Adam tiene un plan: pretende hacer pasar su desaparición por una deserción. El instructor no cuenta con ninguna amistad entre sus compañeros, ya que no lleva mucho tiempo en el puesto; es bastante creíble. Sobre todo si los soldados testifican en su contra. Varios juran hacerlo. El plan podría haber sido un éxito. Todo estaba listo para el gran espectáculo del arresto. Adam tenía que liberarlo y una patrulla lo capturaría y lo llevaría al calabozo. Lo habrían juzgado y condenado a la pena máxima de diez años. Cuando Adam abre la puerta de la cabaña, se la encuentra vacía. El cabrón ha escapado y acaba de aparecer en el cuartel en un estado deplorable, temblando y cubierto de su propia orina y de sus excrementos, incapaz de articular una sola frase. Aquella noche fue una locura. Investigaron y cuando pasaron lista se percataron de la ausencia de Adam. Si el asunto hubiera salido a la luz, habría sido un desastre para el batallón. Habrían rodado cabezas. Lo que hicieron fue darle otro cargo al instructor de mierda y, como Adam no estaba cuando pasaron lista, lo acusaron. Artículo 338. Como todo desertor, lo han condenado a diez años. Sus cómplices pasaron a ser testigos de cargo. Ahora, Adam goza de un estatus excepcional entre nosotros, solo puede salir de la celda esposado. Así lo exige el artículo. Antes del paseo diario, se coloca de espaldas a la puerta y un guardia le pone la esposa a través de una ranura. Solo entonces sale él en primer lugar y nosotros lo seguimos.

¿Has visto, Adam el iracundo? He escrito tu historia, como te prometí.

Y me falta Vania. Él también tiene lo suyo: artículo 242. Se acusa al *zek* Barbereau, más comúnmente conocido como «el franchute», de haber creado y difundido en internet documentos de carácter pornográfico, algunos con la participación de menores de menos de catorce años. Se enfrenta a ocho años de prisión.

La cárcel tiene su propia lógica, sus propias leyes y sus propias normas morales. No cambian mucho de un país a otro, lo cual es bastante sorprendente. En casi todas las cárceles, los presos consideran que el asesinato con agravantes no es inmoral. Sin embargo, los delitos sexuales sí lo son, sobre todo la violación. Los violadores de niños son la escoria de la humanidad y deben ser castigados. Cuando no están aislados del resto de compañeros, su esperanza de vida es bastante baja. Yo no estaba acusado de violación, pero el artículo 242 podía abrirme las puertas a esa odiosa categoría de pedófilos y similares.

«Sobre todo —me dice Tolia—, aprieta bien el culo en tu próxima celda y dúchate siempre de espaldas a la pared». Adam le manda callar. Vanka le da una colleja. Quiero reírme. Todos me consuelan y se preocupan por mí. Estudiamos mi caso. Los rumores podrían ayudarme. Enseguida me di cuenta de que era muy importante alimentarlos. Se dice que tengo al FSB vigilándome, que soy un preso político. Aunque si el FSB está, sin duda alguna, detrás de este asunto, mi futuro próximo no se presenta mucho más esperanzador que el de un delincuente sexual. Mi cabeza rapada repasa sin descanso todos los posibles escenarios. Tolia sigue con su discurso: me recomienda no darles nunca la espalda, aunque, si no me dan por culo, alguna paliza me llevaré, eso seguro. Lo dice en broma, por supuesto. Vanka le para los pies y nos da un consejo a los cuatro: «A malas, si pasa algo, te rajas el cuello y te envían a la enfermería». No lo dice en broma.

La conversación toma un giro; los complots y las teorías de espionaje parecen excusas fáciles. Todos llegan a la conclusión de que escondo algo, de que hay algo que no comparto sobre mi identidad. ¿Un «hombre culto» entre rejas? Algo no cuadra, eso está claro. Sin embargo, ya han visto qué tipo de persona soy y no insisten, saben que no voy a hablar.

«¿Quién eres?» me pregunta Tolia desde las profundidades de sus enormes y febriles ojos.

¿Quién soy? Lo mismo que vosotros, chicos, un *zek* como otro cualquiera. Me lo pedisteis, hermanos, y escribo esto para vosotros. Tolia, como tú querías, tu nombre se oirá hasta en París. Se sabrá que el pequeño Tolia lloró el Día de San Valentín pensando en su mujer y su hijo. Se sabrá que era valiente y que no derramó ni una sola lágrima la noche de la fiesta.

No me invento nada. La literatura, a veces, supera la ficción.

XIII

La celda 645

Un compañero de celda me enseñó una antología que recopilaba los cuartetos de Igor Guberman. Traduje el primero:

> Vamos, pensé; aguanta, el Señor es despiadado
> pero, en el fondo, la vida en Rusia es inconcebible
> sin haber pasado por la cárcel.

La voz anunció: «¡Barbereau, prepara tus cosas! Tienes cinco minutos».

No sabía si lo había entendido bien. Entonces, Adam me dijo: «Vania, eres el primero, te espera una nueva vida. ¡Buena suerte, hermano!». Me estrechó la mano. Todos me animaron como seguramente se hace con el boxeador que sale al *ring* o con el cómico que sale al escenario. Sentí cierta desazón. Bueno, más bien cierta perturbación. Conozco esa inquietud, ya me había asaltado otras veces, cuando subía al escenario. No es miedo, es como si entrara en un estado de concentración absoluta. Una voz interior me dice: puedes aguantar el golpe sin derrumbarte, Vania, eres capaz de adaptarte. Eres una persona con recursos, lo sabes. Respira. Aguanta, tranquilo. Atacarás tan pronto como tu oponente baje la guardia.

Había liberado a mi intestino de la mierda verde que lo atormentaba. En cuanto a mi equipaje, no me llevó mucho tiempo. Solo poseía lo que me habían dado a mi llegada: unas sábanas, un cepillo de dientes y una navaja de afeitar desafilada. Estaba listo.

Se oyó el ya familiar chasquido de la cerradura y la triple vuelta de llave que anunciaba que la pesada puerta estaba abierta. En el pasillo, como siempre, un guardia me cacheó. ¡En marcha!

Recorrimos una distancia que me pareció corta. Entré en mi nueva jaula con la actitud de un guerrero. Aquí estoy, en el noveno círculo, pensé; ahora toca ser valiente. Sin embargo, lo que vi me sorprendió. En la celda 645 reinaba una calidez acogedora y una calma sobrenatural. Ni rastro de la música ensordecedora del exterior. Solo serenidad. Los rostros que me recibieron no eran ni repulsivos ni hostiles, sino el vivo reflejo de la legítima desconfianza que yo sentía: una máscara pálida y, sin embargo, con expresión combativa. Había un frigorífico, un hervidor de agua y un televisor. De inmediato, me fijé en un mechero rojo encima de un paquete de tabaco. ¡Qué maravilla! En el lugar de donde yo venía, los mecheros estaban prohibidos. El hule de la mesa era un tesoro de incalculable valor. El tío Sania me indicó que me sentara. El tío Yova me trajo un té. Me estaban esperando. ¿Galletas? ¿Algún dulce? De nuevo, todo parecía una ilusión. Me contaron que Gricha, el jefe de la celda, estaba a punto de llegar y que me explicaría una serie de reglas. Todo iría bien. La actitud guerrera comenzaba a disiparse y sentí algo parecido a la alegría.

¿Que cómo me llamaba? Yoann, Ioann, Iván, Vania... Como queráis. «¡Ioann Grozni —exclamó el tío Sania—, como Iván el Terrible!». Antes de que pudiera contestarle, entró Gricha. Todas las sonrisas se desvanecieron. «Se llama Vania, y se llamará Vania aquí y en el resto del mundo». Gricha era pequeño y tenía una nariz muy puntiaguda que parecía un pico. Se sentó frente a mí. Era kazajo. Hablaba tan rápido que me costó seguirlo. Me preguntó por el artículo por el que se me acusaba y me dijo que ya lo sabía todo. Se lo conté con más detalle, me reafirmé en mi inocencia, mencioné los problemas que había tenido y, por supuesto, lo del FSB. Bien, bien. Lo sabía. Me dijo que volveríamos a hablar, que tal vez podría ayudarme. Entonces, me soltó su perorata:

—Me llamo Gricha y soy el jefe de operaciones de esta celda desde hace cinco años. Fui condenado a mucho más, se irán acumulando, pero eso da igual. En unos meses, seguramente me enviarán a otra cárcel de Kazajstán. Eso es todo, no necesitas saber más de mí. La vida aquí puede ser soportable, pero hay que seguir y respetar ciertas normas. Escúchame bien. Primera norma: entre nosotros no hay mentiras, no puede haberlas. Debemos decirnos la verdad. No me mientas nunca. Nunca mentirás. ¿Queda claro? Si se pierde la confianza, lo perdemos todo. Segunda norma: no hablarás a nadie de tu vida en la celda 645. A nadie. Nunca. Ni a tu mujer, ni a tu abogado, ni a tus visitantes. A nadie. ¿Queda claro? Si te preguntan, tú respondes que todo va bien, que es duro, y les cuentas alguna trivialidad. ¿Ves la figura de encima de mi cama? Está prohibida. El mueble de madera de allí: ¡está prohibido! La consola: es un privilegio, ¡y está prohibida! Y hay todavía más objetos, ya lo verás. Los guardias que entran aquí están al corriente. Pero por lo que a ti respecta, ¡ni una palabra! Mantén la boca cerrada. Es muy importante. Aquí eres un *zek,* o sea que vales menos que un trozo de mierda. Estamos a merced de esos hijos de puta que pueden pegarnos, torturarnos y humillarnos. Nos escuchan y nos vigilan. ¿Ves esa cámara? Hoy son amigos benévolos que están en deuda conmigo, todo es maravilloso. Mañana, quién sabe. Todo puede cambiar. Si respetas esas dos normas, todo irá bien. Yo me ocupo del resto. En cuanto a la organización y a las normas de conducta, las aprenderás poco a poco, te las enseñaremos. Observa y respeta.

Un guardia llamó dos veces a la puerta. ¡El reparto! La comida llegó a través de la ventanilla. Los más jóvenes la recogieron con una danza impecable: *pas de chat, glissade,* doble *cabriole* y *voilà:* el frigorífico estaba lleno. Guardamos las conservas, los dulces y los *noodles* chinos debajo de una cama; los paquetes de tabaco en la cómoda y, sobre la mesa, dejamos unos trozos de carne jugosa a las finas hierbas hecha a la plancha con cebolla. Unas tortitas completaban el festín.

La manada se reunió alrededor de la mesa; éramos siete. Frente a mí se sentaba el macho alfa, Gricha; luego los viejos lobos, tío Sania y tío Yova, Mustang, que tenía mi edad, y por último los dos jóvenes, Aliocha y el Pelirrojo. Me disponía a dar mis primeros pasos con la manada y me sentía inseguro.

—Come, come —me animó Gricha—. Después de la cuarentena, hay que reponer fuerzas. Aquí lo compartimos todo. ¿Quieres comer, beber o fumar? ¡Sírvete, Vania!

Más tarde, el Pelirrojo se me acercó con un cuaderno donde escribía los nombres y las cualidades de todos los que habían pasado por la celda desde hacía por lo menos diez años. El Pelirrojo hacía de archivero de la 645, era su trabajo mientras estuviera allí. Era un estudio superficial, tan solo unas líneas por cabeza que recogían la información esencial. Me preguntó si era *humano, rojo* o *gallo,* las tres categorías en las que se clasificaba la sociedad según Adalberón en su *Carmen ad Robertum regem.*

Tal vez haya un poema que describa esta organización. Le respondí que no tenía ni idea. Parecía que mi educación tenía lagunas, así que le pedí que me iluminara. Avergonzado, le preguntó a Gricha, que le contestó con tono airado: «¡Pon que es *humano,* joder, solo hay *humanos* en esta celda!». Entonces me lo explicó: están los que rezan, los que luchan y los que trabajan la tierra, según escribió Adalberón de Laon en el 1025. Un milenio más tarde, en la prisión de Siberia, están los que son respetados, los que son golpeados y a los que dan por culo. *Humanos, rojos* y *gallos,* dijo Gricha el Kazajo, inmóvil y sin pestañear.

Suficiente por hoy. Son las diez de la noche, la voz nos ordena dormir. Escojo la cama que hay junto al frigorífico, la litera de arriba. Allí me siento seguro. La nevera hace las veces de cabecero, donde puedo poner mis papeles y, pronto, mis cuadernos y mis libros. Mustang me ha dado un segundo colchón para protegerme de los travesaños de hierro que me destrozaron la espalda las primeras noches. Dormimos sobre unas preciosas estructuras de metal, sencillas y toscas. Hay cinco camas apiladas, la celda no ha alcanzado su límite de ocupación. La habitación debe de tener unos treinta metros cuadrados, no está mal. Estoy recostado, el cansancio ayuda. Observo la 645 desde mi trono. Después de las diez, la luz se atenúa; ya no tendré que convivir con la luz constante que durante la cuarentena iluminaba la habitación como un plató de cine. Todos en la manada roncan apaciblemente, menos Gricha. Veo que tiene los ojos fijos en la pantalla. Atisbo la sombra de sus largos dedos, que sujetan el mando de la consola. De fondo se oyen tiros y explosiones. Tras una manta extendida que lo protege de las cámaras, el Kazajo lucha contra su rabia igual que contra sus rivales: con granadas y *kalashnikovs*.

XIV

Parlatorios y paseos

En mi trigésimo día, copio y traduzco en mi diario un nuevo cuarteto de Guberman:

> La cárcel no es un simple amasijo de gente apretujada o una fosa séptica donde se hacina la escoria violenta; en la cárcel nacen las ideas turbulentas, confusas y brillantes del pueblo, por así decirlo, iluminado.

Al día siguiente, la voz me ordenó que estuviera listo para el parlatorio. Tenía curiosidad por saber quién vendría a visitarme. ¿Sería Margot? ¿Yuri? ¿Alexandre o Viktor? ¿Un representante de la embajada?

Me puse en marcha, con las manos a la espalda, mientras trataba de ubicarme. Subimos y bajamos escaleras y atravesamos inmensas galerías. Me pasearon por el laberinto de Dédalo; era imposible situarse. Más adelante supe que éramos más de mil pobres diablos, tal vez dos mil, los que estábamos encerrados en aquel laberinto. Tuvimos que parar en numerosas ocasiones, de cara a la pared y en silencio, mientras esperábamos a que un recluso saliera de su celda para unirse a la fila. Tras el cacheo de rigor, entendí que nos dirigíamos hacia los parlatorios de los abogados.

En los pasillos me crucé con individuos atormentados que parecían salidos de la obra de Carpeaux o de Géricault, o las criaturas fantásticas del Bosco, con caras ya habituadas a las palizas y rostros que manifestaban a gritos que su vida no era más que una eterna paliza. Vi mastodontes pesados y musculosos, minotauros repugnantes y, en menor medida, esculturas griegas que eran más bien rostros amarillentos, demacrados y sin edad; uno de ellos se unió a nuestra comitiva. Vi dentaduras jóvenes junto a dientes podridos y dientes de oro, enanos mugrientos y agresivos, perros orgullosos que no eran humanos, sino ayudantes privilegiados, y hombres que no eran más que canes que sacaban el hocico y las patas por la ventanilla de la celda para gimotear y suplicar. Descubrí maníacos, tarados, miradas confusas, ojos curiosos que me acechaban y, para terminar, mis propios ojos reflejados en un cristal: dos canicas desorientadas y ojerosas sobre un rostro cubierto de barba, ennegrecido y oliváceo.

De mi celda, habíamos salido dos: tío Sania y yo. Cuando llegamos, éramos diez los que esperábamos frente a una puerta imponente que daba a unos cubículos acristalados. Me dirigí hacia el hombre que me indicaron, un rubio lleno de granos que me esperaba con un maletín rojo. Se levantó y, acto seguido, sacó una carta de Margot que lo designaba como mi abogado. Eran tres páginas de letra pequeña y apretada, de garabatos nerviosos, incisos y de remordimientos que me suplicaban que confiara en ella y en él: juntos saldríamos de esta. Maxim tenía veinticinco años y trabajaba para un prestigioso abogado. Yo ya conocía a este; se había embarcado en una serie de extravagantes casos que le habían otorgado fama de astuto, de cabrón y de hombre poderoso e influyente. Empecé a interrogar a su joven ayudante: ¿por qué el fiscal se basó en las declaraciones de Margot para meterme entre rejas? ¿Cómo? ¿Por qué? Maxim me interrumpió. Ella no me había acusado; había sido coaccionada para firmar cinco líneas descabelladas para así evitar ir a la cárcel; cinco líneas impuestas, cinco líneas asesinas que ratificaban que yo era un peligro ante los testigos. «Pero, ¿qué peligro?, ¿qué testigos?, ¿qué delito?» preguntó con indignación el joven, que se había puesto del color del maletín. No había nada en mi contra y Margot me apoyaba. Aunque, de hecho, sí que había algo; algo tal vez más serio que una investigación. Su jefe había puesto en marcha sus redes. El FSB estaba detrás de aquella jugarreta, la partida tenía lugar entre bastidores. Habría que reunir fondos y pagar a aquellos canallas para que todo acabara, ya que la policía, el FSB y la mafia son unos chantajistas. Él se ocuparía de eso. Necesitaba tiempo y dos o tres millones de rublos para empezar. Le garabateé una respuesta a Margot y firmé los papeles para que Maxim y su jefe fueran mis abogados.

—¿Está bien en su celda? —me preguntó, antes de irse—. Mejor que en aislamiento, ¿verdad? Intervine para que así fuera. No me dé las gracias, fue Margot quien pagó. Le conseguimos una celda cómoda. Menos cruel, quiero decir; más humana. Sé que la cárcel es dura para un hombre culto como usted. Nos ocuparemos de sus condiciones de detención. También he traído algunas provisiones, pronto se las entregarán en la celda.

Ya estaba en pie cuando pareció que se acordaba de algo. Metió la mano en el maletín de cuero rojo, sacó un barquito de papel y me lo tendió:

—¡De parte de su hija!

Se marchó tras desearme suerte y darme ánimos. Me prometió que volvería pronto.

El origami era una de las pasiones de Diane, tenía el apartamento lleno de toda clase de papeles de colores, de pequeñas embarcaciones y de flores. Ella siempre me regalaba, como si fuera un ritual, barquitos de papel que yo colocaba en mi despacho. Este era pequeño y azul.

La mente del *zek* se ve constantemente invadida por pensamientos turbulentos. A veces, basta con unos cuantos pliegues en un papel para desencadenarlos. Cuando el guardia apareció en el umbral de la puerta para llevarme de vuelta a la celda, tuve la sensación de que mi cuerpo ya no estaba allí. La perpleja esperanza que me había infundido el discurso de aquel rubito había tenido su efecto; se había valido de mi receloso amor por Margot, remolcado por un barco azul con corazoncitos pintados con un bolígrafo. Manifestaba todos los síntomas físicos de la alegría, o tal vez de la demencia. Estaba congelado. Me entraron ganas de escribir algo en la hoja en blanco que tenía frente a mí; debía verlo todo con claridad y tranquilizarme, no dejarme llevar. No conseguí soltar ni una sola palabra: estaban atrapadas en el hielo.

—Barbereau, quédate ahí —me dijo el guardia—. Tienes más visitas.

No tuve tiempo de sorprenderme; enseguida, una pareja entró en la sala. Mis sentidos se pusieron alerta. Vladímir y Natalia me saludaron y, sin mediar palabra, él me tendió un mensaje de mi padre. La carta estaba firmada por mis amigos y mi familia, que confiaban en mi inocencia y me enviaban palabras de apoyo. Sin embargo, dudaban de Margot. Ella aseguraba que estaba de mi parte, pero recelaban de ella. Debía desconfiar de ella y, sobre todo, negarme a ser defendido por el joven Maxim. No entendía nada. Tenía frente a mí a dos abogados que venían recomendados por Yuri y contratados por mis padres, cuyas primeras palabras pretendían convencerme de cortar todo contacto con el abogado de Margot, y por supuesto, con ella.

—Las mujeres rusas son unas zorras perseverantes, hay que tenerlo en cuenta para protegerse —dijo Vladímir.

Natalia, su prima y asistente, lo corrigió:

—No todas, Volodia, no todas. Sin embargo, es un fenómeno bastante extendido y documentado.

El par de abogados no creía que el FSB hubiera intervenido. Aún no habían tenido acceso a todo el expediente. La acusación tenía derecho a mantenerlo en secreto. La investigación seguiría adelante y habría una batalla legal, eso seguro. Debía prepararme para luchar contra Margot, pero también contra un enjambre de policías corruptos y de jueces y fiscales arribistas que habían movilizado a quince investigadores para acabar conmigo. Con todo, los primos parecían confiados. Podíamos ganar. No habría ningún juicio.

Los investigadores habían prohibido las visitas a Margot y a Diane. Era imposible contactar con ellas. Imposible. Mi padre y mi hermana aterrizarían en Irkutsk en unas horas.

Escudriñé el rostro de Vladímir, el dedo que se pasaba por el pelo blanco y su manera suave de agarrar el bolígrafo con el índice y el pulgar. Hablaba con frases cortas y secas. Natalia, por el contrario, empleaba palabras suaves y su voz era cálida. El movimiento de sus uñas pintadas era bastante relajante. No conseguía distinguir los ojos de Vladímir bajo las gafas de cristales ahumados, y los de Natalia se perdían en su cara rechoncha y daba la impresión de que desaparecían; así pues, la expresión de sus rostros se limitaba a dos pequeñas narices y dos bocas hipnóticas en forma de elipse.

Acosado por las dudas, firmé los papeles para que los dos primos fueran mis abogados. Él dirigiría la defensa y ella intervendría como refuerzo. Más adelante le confesaría la verdad a Vladímir; le contaría que ese día, en el parlatorio, había dudado de ellos: ¿tenía frente a mí al hombre que me sacaría del infierno o al mismísimo diablo? Ambas, eso seguro.

Cuando volví a la celda, la manada se vestía para salir. Yo aún no tenía ropa. Margot había intentado darme una bolsa, pero los investigadores la habían retenido y habían dejado que me pudriera con los jugos de la cuarentena. Mustang me ofreció una camiseta y un jersey que tenía de sobra. Nos dirigimos hacia la zona de paseo. En los tejados había una decena de compartimentos de hormigón, cada uno bajo su trocito de cielo enrejado. Cada uno de ellos era casi igual de grande que una celda. Podíamos caminar en círculo durante quince o veinte minutos para respirar aire fresco y admirar el pequeño espacio azul del cielo. Al principio, intenté andar en línea recta, pero pronto acabé siguiendo a la masa.

Sania y yo corrimos unos minutos. Hice unos estiramientos. Aún recordaba los ejercicios de calentamiento que hasta hacía poco practicaba en la pista de tenis. Me preparaba para otro partido. Estaba listo para jugar contra la cámara inmutable, contra los muros de acero y hormigón, contra el cielo enrejado, contra aquel montoncito de nieve y contra el sol, cuando salía. La cárcel no está hecha para los aletargados, no es lugar para los débiles. «La clasificación se hace en un abrir y cerrar de ojos», me dijo Vladímir un día que me lamentaba en el parlatorio; fue mi primera y última queja. La caída puede ser veloz; pronto te conviertes en la presa, en *rojo* o en *gallo.* La cárcel supone un ejercicio físico y mental. Es una representación, un ejercicio espiritual, una lucha.

El tío Sania me pregunta si conozco el dibujo de Victor Hugo que representa con exactitud nuestra zona de paseo. Confío en él, sé que existe. Algún día lo comprobaré. Le hablo de *La balada de la cárcel de Reading,* obra en la que Oscar Wilde evoca los payasos o monos que andaban con gran silencio por la tierra asfaltada. No recordaba los versos exactos, pero tenía su huella grabada en la memoria y la certeza de que hablaban de nuestro paseo:

> ¡Con la cabeza gacha y temblando marchábamos
> en torno al patio en la Parada de los Locos!
> No nos importaba; sabíamos que éramos
> la Brigada del Diablo;
> y las cabezas rapadas y los pies de plomo
> formaban una divertida mascarada.

En cada uno de nuestros paseos por los tejados, yo veía la prisión de Los Plomos de Venecia, en el desván del palacio Ducal. Pensaba en cuando Casanova se fugó de su celda el 31 de octubre de 1756. La fuga es la primera idea que pasa por la cabeza de quien ha sido detenido injustamente. Me giro, levanto la vista y veo a Giacomo Casanova haciendo equilibrios sobre el tejado. A veces, veo un gato negro que se desliza por la alambrada; es Beguemot. Me persigue desde aquel día de diciembre en el que perdió la cabeza. Me visita cada día: me habla, me regaña y me perdona. Desde que entré aquí, mantiene las distancias. Ya no lo oigo.

Todos los días son iguales y rutinarios para un *zek*. A las seis, la voz nos despierta y nos aseamos por encima con agua helada. Nos tomamos el primer té. Después, el desayuno: mezclamos requesón con nata, leche condensada y fruta, si hay. La manada se reúne alrededor de un gran bol del que comemos con cucharas de aluminio. Después, limpiamos la mesa y el suelo antes del control matinal. Salimos, nos cachean e inspeccionan la celda. Sobre las diez, damos el paseo. A mediodía picamos algo; yo suelo comer un poco de queso, una fruta o salchichón, y a veces unos *noodles* chinos que se hacen con agua caliente. Durante todo el día fumamos en los baños. Nuestra celda fuma un centenar de cigarrillos al día, o incluso más. En la 645, la ventilación es escasa, el moho y las humedades campan a sus anchas y el aire está viciado. El día pasa y cada uno se dedica a sus cosas; cada cual en su infierno particular, yo igual que el resto. Leo y escribo durante todo el día. Claro que eso es exagerar. A veces charlamos, ayudo a Yova y a Sania a rellenar crucigramas o aprendo a jugar al *nardy*, un juego típico en todas las cárceles de Rusia, en otros sitios lo llaman *backgammon*. La cena también es común, hacemos un guiso y la manada se reúne. Luego, retomamos el ritual de la mañana: limpiamos el suelo, llegan los guardias, salimos, nos cachean e inspeccionan la celda. Y el círculo se cierra. La voz nos manda dormir a las diez y la luz se atenúa. Todo volverá a empezar a las seis del día siguiente. De vez en cuando, realizan un cacheo sorpresa en mitad de la noche y nos despiertan con los perros, como siempre. Una vez por semana, el domingo, limpiamos. Sacamos brillo a cada centímetro cuadrado de la celda y la 645 queda impecable. Una vez por semana vamos a las duchas, donde también lavamos los calcetines y la ropa interior y los secamos en los radiadores. Una vez por semana, nos dejan usar la lavadora para las sábanas y algo de ropa. Gricha se aprovecha de sus buenas relaciones con los guardias para cambiar favores e información por cigarrillos y comida que nos entregan en la tienda de la cárcel, donde cada artículo se vende al doble de su precio. Eso es importante. Les paso listas a mis abogados, que me envían paquetes de tabaco y comida en abundancia. De esta manera, consolido mi puesto dentro de la manada.

Solamente la voz puede perturbar esta dinámica convocando a un *zek* al parlatorio. Solo así se puede romper la rutina, lo que me permite un descanso de la manada y la oportunidad de dar un buen paseo por las galerías, ya que la 645 está en el otro extremo de la cárcel. Es una pequeña alegría.

Un día, la voz me pide que me afeite y que me prepare. Tomamos un camino nuevo y el guardia me hace esperar, solo, en una celda húmeda y minúscula que hay en medio de un pasillo por el que no había pasado antes. Al cabo de una hora, me asalta una idea absurda: se han olvidado de mí, me han dejado allí, en un rincón recóndito de la cárcel y nadie me encontrará jamás. Por fin, vuelven a por mí. Atravieso una serie de compuertas y llego a un despacho. Allí me esperan un vicecónsul de Francia a quien no conozco y el alcaide de la cárcel, a quien también veo por primera vez. Suerte que la voz piensa en cada detalle y me ha preparado para parecer un *zek* honorable y recién afeitado.

Recibí varias visitas de ese tipo, de individuos diferentes que, aunque en todas las ocasiones eran vicecónsules, no siempre eran la misma persona que había aterrizado aquel día en Moscú, un tanto desconcertado y compasivo. El encuentro tenía lugar en el despacho del alcaide, que nos hacía el favor, pero que, sobre todo, quería dejar clara la autoridad que tenía sobre mí. Charlábamos bajo la estrecha vigilancia del amo y señor de aquel lugar y de dos guardias a quienes un intérprete traducía cada palabra de nuestra conversación. El acontecimiento se desarrollaba en un escenario de madera clara; yo me sentaba junto a una metafórica estatuilla de ojos vendados y frente a un acuario y su vaivén de peces importados de mares cálidos. La danza de funcionarios se mezclaba con la de esas criaturillas de seda naranja y turquesa. El vicecónsul venía para comprobar las condiciones de mi detención. Daba las gracias al director, que aprovechaba la oportunidad para alabar mi celda «vip» y la excelente compañía que me había asignado. Yo asentía y demostraba que estaba satisfecho. Sin embargo, no dudaba en contarle los detalles de mi arresto y de la violencia de las primeras horas. Entonces, el director se apresuraba a vanagloriar su establecimiento: siempre se aseguraban de anotar cada mínimo rasguño visible en la piel de los *zeks* cuando estos ingresaban, como habían hecho conmigo. La cárcel no se hacía responsable de las agresiones ocasionadas con anterioridad. De hecho, estaba en mi derecho de presentar una denuncia contra el policía en cuestión. Me deseaba buena suerte y esperaba que saliera pronto. El vicecónsul normalmente se conformaba con un poco de jerigonza jurídica. Desde luego, no vivíamos en la misma realidad. Un día, me dio a entender que la embajada trataba de identificar a aquellos que me habían enviado a la cárcel y su motivación. Otro día, aprovechó la falta de intérprete para plantearme con sinceridad la siguiente pregunta: «¿Por qué encarcelar a un representante francés si es inocente? ¿Qué interés oculto podrían tener los rusos? No lo entendemos».

Tuve suerte; me convocaban a menudo en el parlatorio. Mireille también se las arregló para colarse en el despacho del alcaide. La primera vez, trajo consigo una botella de coñac para agradecérselo. Se ofreció a hacerme llegar algo de vino y propuso que trabajáramos de vez en cuando en algún asunto de la Alianza. La propuesta era tan disparatada que consiguió levantarme el ánimo. El alcaide, incómodo, le explicó con tacto que no se podía, en ninguno de los casos, entrar vino en la celda. Sin embargo, volví con un camembert cuyo olor escandalizó a los habitantes de la 645. Mireille regresó unas semanas más tarde acompañada de una intérprete. Se trataba de una amiga suya cuya interpretación no tuvo nada que ver con las palabras que realmente intercambiamos. Me trajo noticias: Margot era un enigma con patas; se había aislado y sus declaraciones a menudo encerraban un miedo latente y siempre eran desordenadas. En cuanto a los diplomáticos, estaban muy desconcertados: nadie entendía los insólitos acontecimientos que habían tenido lugar a cinco mil kilómetros de Moscú. Recibí una carta del embajador, con la retórica empalagosa acostumbrada y esta conclusión: «Estamos tomando medidas y permanecemos en contacto continuamente con las autoridades de la Federación Rusa». Le devolví aquel inútil papel a su emisaria. Por ahora, solo me interesaba la gran bolsa que me había traído al despacho. Le pregunté, con mirada ansiosa, si llevaba algún libro. Me dijo que sí. Al fin podría leer. Por supuesto, había que pensar en la lógica puntillosa de una cárcel de régimen estricto; era más difícil pasar un libro que un queso camembert, ya que cada obra debía superar la censura y constituir una donación para la cárcel. El alcaide nos explicó el procedimiento. Mireille se acogió al protocolo y, unos días más tarde, me entregaron un precioso cargamento de libros con el sello «Propiedad de la cárcel central de Irkutsk» estampado en sus páginas:

—*El sermón sobre la caída de Roma,* de Jérôme Ferrari;
—*Fábulas,* de La Fontaine;
—*Cartas provinciales,* de Blaise Pascal;
—*Voltaire, sa jeunesse et son temps* [Juventud y época de Voltaire], de Roger Peyrefitte;
—*L'Enfant fou de l'arbre creux* [El niño loco del árbol hueco], de Boualem Sansal;
—*La Littérature sans estomac* [La literatura cobarde], de Pierre Jourde;
—*De óxido y hueso,* de Craig Davidson;
—Un diccionario francés-ruso.

Comparto estos títulos para quien les sea de utilidad. Cualquier detenido francófono podrá hacerse con ellos a través de la administración de la cárcel de Irkutsk. Todos procedían de la biblioteca de Mireille. Como en este caso, los libros de nuestra biblioteca dicen mucho de nosotros. Esta lista conforma un retrato bastante acertado de mi amiga.

Desde el principio, aquel pequeño policía siberiano al que llamé Pierre Richard, gran cómico y mayor hijo de puta, astuto y tanto más peligroso, ya que conservaba el potencial cómico del gran actor, era el encargado de hacerme tocar fondo. Él tenía la potestad de impedir que mi familia viniera a visitarme. Tras varias semanas de negativas, consideró oportuno emitir el permiso. Mi hermana y mi padre me esperaban tras el cristal y pudimos hablar a través de un teléfono vigilado. Bérénice me contó, con angustia en la mirada, que Margot y Diane habían abandonado el país. Desconocían su paradero. Habían cortado todo contacto con ellos. La cuenta bancaria estaba vacía. Esa fuga respondía a todas las preguntas. Mi padre tenía el aspecto atormentado del entrenador que ve cómo la victoria se escapa de entre los dedos de su jugador.

En los años setenta, época en que el tenis era cada vez más accesible para todo el mundo, él había aprendido por sí mismo, gracias a un manual y a base de tirar pelotas contra la pared y correr tras el pequeño asteroide amarillo durante horas, semanas y meses que al final se convirtieron en años. El tenis se convirtió en su profesión y en mucho más: se convirtió en su forma de crecer, de ser libre y de dejar por fin el insoportable oficio al que había sido arrastrado a los dieciséis años. Era un arte y una filosofía, su forma de entender el mundo. Fue jugador, entrenador y, más tarde, árbitro. Yo también jugaba.

Como todo lo que se cruzaba en su camino, mi padre se lo tomó como una competición, aunque con reglas cuestionables. El nivel era muy elevado y las condiciones de juego eran perversas, pero él también lucharía, ya fuera a pie de pista, en tribuna o detrás de aquel grueso cristal que nos separaba. Traté de tranquilizarlo, aunque la realidad jugaba en mi contra. El primer set había terminado con una derrota humillante. No conocía el terreno de juego ni a mi adversario, el partido ya había comenzado y yo todavía estaba sentado en el banquillo mientras contemplaba una raqueta sin cuerdas.

XV

Retratos en miniatura

Piotr Kropotkin fue encarcelado tanto en Rusia como en Francia. El 20 de diciembre de 1887, dio una conferencia en París.

> El resentimiento contra la sociedad emponzoña con rapidez el corazón del preso. Se acostumbra a odiar con cada fibra de su ser a sus carceleros. Divide el mundo en dos: sus camaradas y el mundo exterior, representado por el alcaide, los guardias y los empleados de la cárcel. Una línea invisible separa a los presos de aquellos que no llevan el uniforme de presidiario. Son sus enemigos, y harán todo cuanto esté en su mano para engañarlos. Tan pronto como quede en libertad, el preso pondrá su ética en práctica. Antes de su estancia en la cárcel, podía cometer fechorías sin pensar; ahora tiene otra filosofía, que puede resumirse con estas palabras de Zola: «¡No hay mayor sinvergüenza que una persona honrada!».

Gricha se pasaba casi todo el día en los pasillos escoltado por algún guardia cómplice, mientras organizaba el tráfico de objetos prohibidos y otros asuntos. Sus vínculos con las mafias del exterior eran bastante fuertes y, puesto que el exterior tenía que mantener al interior y viceversa, disfrutaba de una posición privilegiada. Sin embargo, de vez en cuando se pasaba el día encerrado en la celda, en cuclillas, al estilo asiático, matando criaturas fantásticas con la nariz pegada a la pantalla. Los destinos jerárquicos son mutables. Hubo un tiempo en que el reino de la 645 era próspero, los paquetes de tabaco se amontonaban y la comida abundaba. Disfrutábamos de algunos objetos prohibidos como tazas de cristal, un pequeño cuchillo que utilizábamos en un ángulo muerto de la cámara, utensilios de cocina, dos figuras, un mueble de madera, la videoconsola...

Nos anunciaron la visita de un fiscal, lo que trastornó toda nuestra organización. Podía haber una inspección en cualquier momento. Nos pusimos de acuerdo con los guardias para esconder cualquier objeto ilegal en la celda contigua. El mantel que cubría nuestra mesa voló, junto con el resto de nuestros tesoros. Aquel día, todos nos desmoronamos. La desnudez de la 645 se hizo evidente y no valíamos más que aquella mesa asolada. Gricha estaba de muy mal humor. Un domingo, el frigorífico estaba vacío y la manada se reunió alrededor de una «ensalada» que era una mezcla de queso rallado, ajo y mayonesa. Untado en pan, parecía un plato de posguerra. Le cogí el gusto. Uno se acostumbra a todo. Tras la visita del fiscal, todo volvió a su lugar, menos el mantel, que siguió confiscado. Los guardias le dijeron a Gricha que sospechaban que había maricones en la 645 y querían asegurarse de que no había tocamientos indebidos por debajo de la mesa.

Gricha tenía todo tipo de contactos en los pasillos que le pasaban información. Me habló de mis abogados. Me confirmó que el joven rubio era un farsante, que no había tenido nada que ver con mi estancia en la 645 y que no tenía ningún poder, salvo el de obtener información privilegiada. Así que me deshice de él, y desde ese momento, Vladímir y Natalia fueron mis únicos representantes legales. Gricha estaba de acuerdo con ellos en que las mujeres eran unas traidoras, aunque me aseguró que Margot nunca habría sido capaz de organizar una emboscada de tal magnitud; seguramente estaba en el ajo, como cualquier otra furcia sin escrúpulos, pero todo apuntaba al FSB. Pero entonces, ¿por qué estaba tan alterada? ¿Me habría interpuesto en el camino de alguien? ¿Me considerarían un estorbo? ¿Tendría algún trapo sucio? ¿Un tesoro escondido?

Gricha me confirmó que traslucía la tensión entre los que me habían metido entre rejas y las autoridades de la prisión, que no me querían allí. El alcaide me consideraba una fuente de problemas, no solo como testigo problemático de los abusos y los asuntos irregulares que se daban en la cárcel, sino como un *zek* que podía quejarse y ser escuchado. Le interesaba facilitarme la vida allí dentro. El único problema era que las instrucciones que le llegaban de fuera querían lo contrario. A Pierre Richard le habría encantado borrar mi sonrisa volteriana y acabar con las indirectas que le lanzaba en cada trámite procesal o interrogatorio al que me sometían bajo la mirada a veces nerviosa y a veces cómplice de los abogados. Precisamente por eso, a Gricha le preocupaba verme escribiendo sin descanso. Le ponía nervioso, igual que a los guardias y al director. Me decía que algún día todo aquel material se confiscaría, traduciría y estudiaría. Esto me hizo plantearme la opción de sacar todo lo que escribía de la 645. Manipulando las investigaciones de los guardias y en ocasiones, con la complicidad de alguno de ellos, llevé todos mis papeles al parlatorio para entregárselos a mis abogados. Los primos se los llevaban tras cada visita, así conseguí no perder demasiados durante las inspecciones. De la misma manera, conseguí enviar cartas sin censurar a mis seres queridos. Ahora escribo estas líneas gracias a los cuadernos verdes en los que anotaba mis reflexiones a diario. Parecen sacados de una fábrica soviética y, aunque no tenían más de doce páginas, eran hermosos. Eran perfectos. Más que los cigarrillos, más que los libros y que el pollo de corral que nos daban de vez en cuando. Los cuadernos escolares de color verde eran mi bien más preciado.

«Escribes y escribes… ¡Te pasas el día escribiendo! ¡En un mes, no quedará ni una hoja de papel en blanco!», me dijo un día Mustang, exasperado. Lo habían apodado así por la camiseta que llevaba casi siempre, que tenía un dibujo de un caballo salvaje en la pampa. Gricha a menudo se burlaba del supuesto tamaño de su cola. Tenía un tatuaje de un demonio en el hombro izquierdo y otro de una catedral con tres campanarios en el pecho, uno por cada año en la cárcel. Llevaba tan solo tres meses en la 645 y esperaba que lo trasladaran a un campo de trabajo. Al igual que Gricha, el Pelirrojo y Aliocha, pertenecía a una mafia. Sania me contó que había acabado entre rejas por una serie de delitos menores de extorsión con violencia y por haberle partido la cara a uno que no quiso obedecerle: «Se encarga del trabajo sucio y tiene la habilidad de hacerlo de la manera más sucia posible». No le sonsaqué más detalles. Mustang era esquivo, callado y de humor cambiante. Recuerdo una de las pocas conversaciones que mantuvimos, en la que me dijo que la carne de ratón era una delicia. Había probado la de ardilla, la de serpiente, la de gato y otras peculiares, pero la de ratón era su favorita; aseguraba que era tierna y exquisita.

Aliocha era un cascarrabias que encajaba de maravilla en la 645: era el compañero de videojuegos preferido de Gricha y, en cierto modo, su mano derecha. Era delgado, nunca sonreía y tenía una mirada agresiva. Estaba pendiente de juicio. Lo detuvieron en su furgoneta alemana con una cantidad demencial de heroína, llevaba varios kilos. Era reincidente. Tenía apenas veinte años, como el Pelirrojo, que era el tonto de la celda. El Pelirrojo era tartamudo. Podía pasarse horas con la boca entreabierta y la mirada fija en la pantalla; explicaba con diez palabras contadas su acusación de robo en una banda organizada y soñaba con salir para volver a trabajar con sus amigos. Le encantaba el tatuaje de un tigre que tenía Aliocha en el hombro izquierdo y le parecían fascinantes los tribales que tenía en el hombro derecho, en el brazo y en la espalda. Casi todas las mañanas, practicaba unos movimientos de boxeo tan torpes que eran más bien cómicos. Era dócil y se sentía cómodo en su papel de sombra de Aliocha. Podía decirse que era la sombra de la sombra de Gricha.

Todas las celdas debían estar limpias y ordenadas. Para los mafiosos con los que convivía, tal obligación rozaba la obsesión. Limpiábamos los baños y el suelo por la mañana y por la noche. Los dos presos más veteranos y el jefe no participaban. Los dos jóvenes eran los encargados de la limpieza, y Mustang y yo interveníamos como apoyo. La 645 estaba siempre impecable. Había un estropajo para la mesa, otro para el fregadero y otro para los platos. Era importante no confundirlos para evitar graves tensiones. Si lavábamos la ropa, debíamos hacerlo en un barreño específico, no en el fregadero, ni, por supuesto, en el cubo de la fregona. Solo podíamos fumar en los baños. Estaba terminantemente prohibido usar el baño para aguas mayores si alguien estaba comiendo. Un día, Aliocha estaba bebiéndose un té mientras se comía una galleta cuando tiré de la cadena. Se enfadó muchísimo y me gritó con violencia: «Joder, te lo hemos explicado y te lo hemos repetido. ¡Vania, hostia, hay unas reglas!». Mustang hizo hincapié: «Ya sabes que en otras celdas te podrías haber llevado una paliza por esto». Acabé tranquilizándolos con excusas y diplomacia.

En la biografía del joven Voltaire, leí que la pureza era la principal obsesión de los jesuitas. François-Marie, que estaba internada en el colegio Louis-le-Grand, debía recitar antes de dormir la siguiente oración: *Ne polluantur corpora,* es decir, «para que nada ensucie nuestros cuerpos». Los criminales tienen las mismas preocupaciones. Como la propia celda, el hombre de honor debe estar siempre inmaculado y respetar unas reglas. La pureza implica que haya cosas intocables y otras que no lo sean. Los gallos, evidentemente, son intocables. Nadie debe entrar en contacto con sus platos y estos deben comer en los baños, nunca en la mesa junto al resto. Tampoco se les dirige la palabra. Duermen en un espacio separado, a veces incluso debajo de las camas. El gallo, sin embargo, sí que puede ser «consumido»; este contacto no es contaminante, el consumidor se mantendrá siempre activo y agresivo, ni qué decir tiene. En el mundo de los mafiosos, hay actos puros y otros impuros. Existe incluso una lista. Matar a un policía o a un guardia de la cárcel es un acto impuro. Robar a otro preso es un acto despreciable que puede suponer el declive del perpetrador. En cuanto a la sexualidad, el *cunnilingus* se considera un acto repugnante. La felación es objeto de debate: el pene sagrado podría marchitarse o, por el contrario, podría marchitar la boca del que lo acoge. Es una práctica generalmente aceptada, aunque algunos la reservan solo para las prostitutas, así pueden guardar el honor y la pureza de sus esposas. La moral de los criminales organizados es de una hipocresía comparable a la de la religión. Se toman en serio los mismos disparates y se inflige la misma violencia sobre los considerados «impuros», el mismo silenciamiento de la mujer y el mismo falocentrismo y la pobreza sexual que este conlleva.

Por suerte, en la 645 teníamos al tío Yova y al tío Sania. Ambos rondaban la sesentena.

Yova había sido el alcalde de una gran ciudad cerca de Irkutsk. Lo detuvieron en plena campaña electoral, acusado de malversación de fondos. Esto lo divertía y lo apenaba a partes iguales: «¡Mi reelección parece estar en peligro, Vania!». Cuando volvió de una audiencia, nos contó que la jueza se parecía a los enanos que Gricha se cargaba en los videojuegos, lo cual era bastante perturbador. Le preguntó si comprendía la gravedad de las acusaciones y le contestó: «Por supuesto que las entiendo; vivo en Rusia, nací aquí y me conozco el jueguecito sucio en el que participáis con vuestros secuaces, lo habéis dejado muy claro, os entiendo perfectamente, señoría». El bueno de Sania encontró en el almacén un caramelo Korova, el favorito de Yova, que lo ayudó a tranquilizarse.

El alcalde conocía ampliamente la ley y, por lo tanto, hacía las veces de consejero jurídico en la 645. Me enseñó una técnica para burlar la vigilancia de la cámara y descansar un poco. Estaba prohibido tumbarse e incluso dormir durante el día. La voz llamaba al orden a quienes incumplían esta norma, que podían acabar en la celda disciplinaria. Sí estaba autorizado, sin embargo, sentarse en la cama y, en una de ellas, había una posición que, si uno se colocaba estratégicamente, podía colar. Nos poníamos un libro grueso en el regazo e inclinábamos la cabeza para dormir imitando la posición del lector. El *zek* es pura ilusión; si tiene que transgredir las normas, lo hará siempre con deferencia, con las manos en la espalda y la cabeza gacha.

El tío Yova hacía crucigramas con Sania, y me llamaban cuando creían que yo podía ayudarlos con alguna definición. Los que habían diseñado aquel crucigrama parecían haber pensado en mi estancia allí: las cuadrículas estaban llenas de palabras y personajes franceses:

—¿Soldado del Ejército de África francés durante la guerra de Crimea, Vania?

—...

—¿Qué dices, Vania? Que combate en el Ejército de África francés, empieza por Z...

—¿Zuavo?

—¡Esa es! ¿Ves? Cuando quieres, pequeño Vania, puedes ser muy útil.

Yova tenía otra obsesión: apuntaba poemas y citas en un gran cuaderno. Los cuartetos de Guberman lo llenaban casi todo. Contaba con una pequeña antología del poeta, que fue encarcelado a finales de los años setenta. Me los leía, seleccionaba los más curiosos y los más salvajes, y respondía a todas mis preguntas, explicándomelos con paciencia. Yo los copiaba en mi cuaderno verde, y en ocasiones, los traducía.

No para reír ni para llorar, ni para odiar, sino para comprender. Este fue el consejo de Yova y Sania: «La cárcel no es una tragedia. No hagas un drama de esto, Vania. Aprovecha esta situación para observar, para escuchar y para conocerte mejor». Me aconsejaban como parte de la manada, me inculcaban unos códigos y me iniciaban en el arte de salvar los obstáculos y los problemas.

El tío Sania era un tipo alegre que se había visto involucrado en un asunto de malversación de fondos. Nos conocíamos de antes, aunque no habíamos coincidido nunca. Era el director de la reserva natural de Baikal-Lena, y se lo acusaba de haber hecho desaparecer unos cuantos millones. En realidad, ya no tenía recursos, y sabía que estaría ahí ocho años (ya llevaba casi dos). «Es mi destino, igual que tú tienes el tuyo; eres filósofo, así que ya lo sabes. Si te condenan, podremos pasar unos años juntos». Charlábamos sobre crucigramas y sobre el síndrome del Baikal. Juntos, guisábamos con la ayuda de una gran escudilla y una pequeña resistencia que hundíamos directamente en la comida. Cualquier brebaje que se cocinara en la celda era obra de Sania y mía.

Almacenábamos garrafas de diez litros de agua, que eran indispensables para sobrevivir durante los cortes constantes. Sania las unía con una sábana y las convertía en pesas para los ejercicios matutinos. Si a las diez no había hecho sus levantamientos de garrafas, sabíamos que era presa de la melancolía. Entonces, me acercaba a él para animarlo. Siempre me lo encontraba apoyado en la reja con la mirada perdida.

—¿Estás durmiendo o haciendo crucigramas, Sania?

—¡Hago crucigramas, por supuesto! ¡Ven a ayudarme, Vania!

—Mira, aquí, un autor francés llamado Albert. Esa es fácil, es Camus.

—C. A. M. U. S. Cabe, ¡Gracias, Vania! Y esta también, mira esta definición: «La canción del gondolero veneciano». Estoy atascado. ¿Cómo se llama? Empieza por la B.

—¿Barcarola?

—¡Perfecto, pequeño Vania! ¿Ves? El destino nos ha unido para conseguir grandes cosas. Tengo un amigo que usa esa frase para todo. ¿Conoces a Mijaíl Tarkovsky? Su tío y su abuelo son famosos. Mija les toma el relevo, es escritor. Hicimos un viaje juntos a Vladivostok. A la vuelta, publicó un relato: *Hotel Océano*. ¿Te suena? Mija es un puto genio, es profundo, pero no tan plasta como el resto de la familia; sabe describir la naturaleza, el vodka y las putas como nadie. Es un genio.

El tío Sania había recuperado la inspiración. Sería un buen día.

La televisión nos recordaba de vez en cuando los enfrentamientos militares y los desacuerdos entre Rusia y los países vecinos. En el alboroto diario de dimes y diretes entre naciones, la noticia de los buques Mistral se convirtió en una idea obsesiva. Unos meses antes de mi detención, el gobierno francés se había negado a cumplir lo establecido en un contrato según el cual debían entregar dos portahelicópteros Mistral. Todo el mundo (presentadores, expertos de pacotilla, tertulianos de tres al cuarto, etc.) hablaba del tema con ironía, con indignación e incluso con desprecio. Siempre que se presentaba la ocasión, Sania se giraba y me decía entre risas: «Ese asunto tuyo, no es más que una historia de barquitos, Vania. ¡Entregad los Mistral y nosotros liberaremos al franchute!». Yova se desternillaba y, si Gricha se reía, entonces los demás también, y las risas se multiplicaban por diez.

Durante la cuarentena, no tenía permitido acceder a las duchas. Tres días después de mi ingreso en la 645, mi piel redescubrió la existencia del agua caliente. Había cuatro duchas. Yo la compartía con Sania. La usábamos por turnos. Era una danza que combinaba nuestra propia limpieza, la de alguna ropa, las nubes de vapor y la caricia de una lluvia que calmaba cuerpo y mente. Las alegrías más puras que experimenté en la cárcel fueron siempre bajo el agua caliente, una vez por semana. De vuelta a la celda, la manada se reunía alrededor de la mesa para tomar el té y yo retomaba mi conversación con el cuaderno verde. «Confórmate con tus anotaciones —me aconsejaba Sania—. En la cárcel se nos va un poco la cabeza. Es interesante, pero créeme, mejor espérate si lo que quieres es escribir un libro». ¿Un libro? Ni me lo había planteado. Yo simplemente estaba escribiendo un diario que me ayudara a verlo todo con más claridad, con pasajes de prosa catártica que lo hacían más difícil de entender. A fuerza de agarrar el bolígrafo, redescubrí con sorpresa una sensación que había olvidado y que experimentan escritores y colegiales: un ligero dolor en la punta del índice y otro más intenso en un lado del dedo corazón, donde finalmente se forma un pequeño callo.

Quince días después de haber llegado a la 645, las tres plazas vacantes fueron ocupadas. Ahora sí, la celda estaba al completo: éramos diez en treinta metros cuadrados. Nuestro acogedor nido perdió su encanto. Entraron dos Michas. Uno de ellos presumía de haber cometido un crimen atroz; había matado a su tío: «No he cometido ni un parricidio ni un matricidio, me habría gustado matar a mi padre, pero un cabrón se me adelantó, y mi tío era un hijo de perra que se merecía un navajazo, aunque solo pretendía darle una lección. Así que ahora soy un criminal, un asesino de tíos, joder, eso no significa nada. ¡Me voy a declarar no culpable!». No hubo reacción alguna a este comentario, cuyo autor habría querido que resultara cómico. Gricha lo conocía. Unas horas antes de su llegada, hizo desaparecer el cuchillo que teníamos en la celda. El otro Micha era un mafioso con demasiada gomina al que habían acusado de extorsión y robo, y que estaba aliviado con su traslado a la cárcel de Irkutsk. Nos contó el infierno que había sido estar en una celda en la que convivían noventa detenidos. Mantuve las distancias con aquellos dos cuentistas. El tercero, Igor, lucía un aspecto incluso peor que el de los otros dos. Tenía unas enormes manos de estrangulador, una gran barriga, unos brazos musculosos que eran casi tan anchos como sus muslos y tenía pinta de torturador. A mí me hablaba en inglés y sabía algo de francés. Había servido en la Legión Extranjera Francesa. Por desgracia, solo estuvo con nosotros cinco días, tiempo en el que pudo hablarme de Aubagne, de su corta carrera militar, de su trabajo como guardaespaldas de un narco mexicano, de su vida como deportista y después como periodista, y de sus lecturas de Flaubert y García Márquez, pero sobre todo, de *Colas Breugnon,* de Romain Rolland: «Releo *Colas Breugnon* cada vez que me siento desanimado. Ese hombre es la serenidad en estado puro, ama el mundo y sabe cómo describirlo». Igor había sido detenido por tráfico de estupefacientes; según él se trataba de un malentendido, ya que solo transportaba un pequeño cargamento de «medicamentos para deportistas». Únicamente le faltaban los permisos reglamentarios. Todo se había complicado, pero al menos había sido mucho más simple que su última encarcelación, en Vietnam, en una prisión repugnante. Hablaba muy alto, me llamaba su «hermano francés», le gustaban nuestras charlas y estaba orgulloso de su «biografía». Todos los días repetía este mantra: «Es muy importante construir tu propia biografía». Insistía en hablar conmigo en inglés, lo que irritaba enormemente a Aliocha y al Pelirrojo. Lo transfirieron un día, cuando a mí me llevaban al parlatorio. Estábamos los dos de cara a la pared con las manos a la espalda y a él se lo llevaron en una dirección y a mí en otra. Parecía conmovido. Intercambiamos una última mirada. Le prometí que leería *Colas Breugnon* y él me prometió que leería *Mi fuga de las prisiones de Venecia,* de Giacomo Casanova. Nunca supe qué fue de él.

El televisor casi siempre estaba encendido. Seguíamos y comentábamos las últimas noticias, como el sorprendente asesinato de un político a dos metros del Kremlin o los informes sobre la violencia militar del momento. Un día, hubo un reportaje de una cadena local que fascinó a Gricha. Mostraba los comedores sociales que acogían a los trabajadores sin recursos de la ciudad. La escena se repetía alrededor de todo el planeta: hombres miserables y mujeres con niños en la absoluta indigencia acudían a los comedores mientras un periodista les hacía preguntas y exhibía, queriendo o sin querer, alguna impecable obscenidad. Ellos son albañiles y ellas, limpiadoras; ellos añaden a su ridícula pensión el salario que ganan como guardias de seguridad y ellas están jubiladas, y tienen un ropero donde pasan la noche. Y esos hombres, esas mujeres y sus hijos pasan hambre. No muy lejos de allí, hay quien gana en una semana la misma cantidad de dinero que ganarán ellos en toda su vida, donativos incluidos. Los pobres tan sumamente pobres y los ricos tan sumamente ricos no hablan el mismo idioma, ni viven en el mismo mundo, ni pertenecen a la misma realidad. Gricha se puso a gritar, enfadado: «Malditos asquerosos, ¡y luego nos sorprendemos cuando esos pobres desgraciados mueren tras beberse una botella de alcohol de cuarenta grados! ¡Nos sorprende que acaben en la cárcel! ¡Nos sorprende que se acaben matando entre ellos! ¡Joder! ¡Mirad a esos niños famélicos que desde pequeños van a tener que lamer el culo a los poderosos! ¡Mirad a nuestros ancianos, arrastrándose por los suelos como perros! ¡Y cómo les echamos nuestras sobras a la cara para que vayan a mordisquearlas por las esquinas! ¡Joder, y nosotros toleramos que este sea el mundo en que vivimos! ¡Es vomitivo!».

Otro día, vimos una noticia que mostraba los preparativos para una gran gala benéfica. Yo conocía ese evento, había asistido en alguna ocasión. Comían caviar y canapés y se divertían mientras participaban en una subasta. Aquellos filántropos se sentían orgullosos de comprar cualquier cosa para ayudar a los muertos de hambre que se dejaban la piel trabajando, en ocasiones, incluso para ellos mismos. Me pareció ver la silueta de Marina Alexandrovna antes de que Gricha apagara el televisor.

XVI

Kompromat

> Dadme seis líneas escritas por el más honesto de los hombres y encontraré en ellas una razón para ahorcarlo.

Esta frase se atribuye a menudo al cardenal de Richelieu o al infame Jean Martin de Laubardemont, su mano derecha, que era el encargado de convocar los juicios por brujería.

Andréi Vyshinski, fiscal general de Stalin, no tenía tiempo para dedicarse a la literatura, por lo que su aforismo es más conciso:

> Dadme un nombre y encontraré el artículo que lo incrimine.

Kompromat es un acrónimo que se remonta al folclore soviético. Significa, literalmente, «informe comprometedor».

Todos los servicios de inteligencia del mundo recogen y explotan imágenes, sonidos y escritos. Todos andan buscando los escasos documentos que son capaces de manipular, desacreditar, reclutar o de hacer hablar a sus objetivos. La palabra *kompromat* es una creación lingüística del KGB que hace referencia al poder de un documento comprometedor. Ya sea inventado o sustraído, es un bien muy preciado, el santo grial. Una vez obtenido, su luz cegadora se expande y, cuando se exhibe, deslumbra a cualquier Perceval. Si lo comparamos con otras prácticas, como la tortura, el asesinato en el sótano de la Lubianka o el vertido de plutonio radiactivo en el té, la búsqueda del *kompromat* es casi civilizada.

El 17 de marzo de 1999, a la hora de las noticias, un canal de televisión transmite imágenes de baja calidad en blanco y negro donde se ve cómo un hombre con uniforme entra en una habitación de hotel para reunirse con dos mujeres desnudas que lo esperan en la cama. La conversación se transcribe en pantalla. El hombre explica, mediante un discurso poco convincente, que lo asaltan pensamientos desagradables. El trío se pone manos a la obra; el espectáculo es lamentable y soporífero.

El presentador, con una chaqueta demasiado grande y la corbata mal anudada, presenta la escena con falsa aflicción: «Es nuestro deber informales de que las escenas que van a tener lugar a continuación no son recomendables para menores, no tanto por las imágenes, ya que las hemos pixelado, sino por lo complicado que sería educar a sus hijos en el patriotismo una vez hayan visto en esta comprometedora situación... —El presentador toma aire para dar dramatismo e inclina la cabeza, con falsa consternación—... al fiscal general de la Federación Rusa».

El fiscal, Yuri Skuratov, se defendió y aseguró que el del vídeo no era él, que las imágenes eran falsas y que querían mancillar su imagen para desacreditarlo. Sostenía que se trataba de politiqueo torpe y engañoso. Hacía unas semanas que el fiscal estaba destapando numerosos casos de corrupción entre los dirigentes políticos del país y aquel ridículo vídeo no era más que una estrategia para acallarlo. Pero él resiste y denuncia. Encuentra apoyo en un debate del Consejo de la Federación y los representantes se niegan a votar su destitución. Se habla incluso de «violación de la privacidad». Skuratov insiste en que él no es el fornicador que quieren hacer ver, que su única ocupación es la persecución de la corrupción. Él es un hombre de palabra, íntegro, honrado. Se declara consternado, no logra entenderlo. No importa si es o no el tipo que aparece en el vídeo con aquellas dos chicas. Se ha acabado el juego.

El jefe del FSB aparece en televisión. Con la mano derecha apoyada y la izquierda oculta bajo la mesa, el hombre anodino y de tez pálida explica muy serio que los mejores especialistas de los servicios de inteligencia rusos han estudiado el controvertido vídeo. Sus conclusiones no dejan lugar a dudas: es auténtico, la persona que aparece es Skuratov. El pueblo tiene entonces varias opciones: puede escandalizarse, nadie se lo impide; también puede, si así lo desea, mantenerse al margen, y, si hay quienes perciben la intervención de la sucia mano del FSB, pues perfecto; se trata de una mano poderosa que puede incluso exhibirse en televisión. Pueden temerla en silencio. Una multitud escandalizada es manipulable, una multitud indignada resulta a menudo útil. Pero una multitud asustada es perfecta.

La prensa cuenta la historia sin preocuparse por su verosimilitud. Lo único que importa es proteger al presidente de la investigación del fiscal. El vídeo es tan solo el detonante. Se abre una investigación criminal en la que intervienen los dudosos testimonios de las supuestas amantes. Se suspende a Skuratov por abuso de poder.

El *kompromat* es un arma poderosa.

El jefe del FSB, el hombre anodino de tez pálida, se llama Vladimir P. El *kompromat* hábilmente manipulado marcará su destino. Ha aniquilado a un fiscal y ha salvado a un presidente corrupto: merece una recompensa. El habilidoso Vladimir P. es finalmente nombrado jefe del Gobierno. Más adelante, el 31 de diciembre de 1999, su predecesor dimite y lo proclama presidente en funciones de la Federación Rusa. Enseguida, se convocan elecciones. Skuratov se presenta como candidato. Invierte en unos vídeos de campaña patéticos que pretenden reforzar su imagen como padre de familia. Ya nadie le presta atención, ya no existe. Vladimir P. es elegido en la primera ronda. El Kremlin ha encontrado a su nuevo amo y comienza el nuevo milenio.

El *kompromat* es una fábrica de presidentes.

El nuevo amo y señor de Rusia tomó la vía de la civilización, pero, por supuesto, los métodos tradicionales persisten. Si queremos acabar con alguien, siempre podemos recurrir a las armas para pegarle un tiro, apuñalarlo, matarlo a golpes, atropellarlo, estrangularlo, ahogarlo, envenenarlo, asfixiarlo, electrocutarlo, apedrearlo, colgarlo, crucificarlo como en los viejos tiempos, escaldarlo, decapitarlo, quemarlo, emparedarlo, degollarlo, echarlo a las bestias, descuartizarlo, desmembrarlo y, por qué no, también congelarlo. Todo esto sigue siendo posible.

El hombre civilizado estará siempre a favor del *kompromat*. Es una de las máximas expresiones del juego social de principios del segundo milenio. Consiste, básicamente, en arruinar la reputación de alguien para desencadenar un procedimiento legal. Con los apoyos necesarios, es posible emitir la orden, capturar y manipular al oponente. Un hombre influyente puede usarlo para deshacerse de una empresa competidora, de un rival, de un adversario político, para extorsionarlo, para apropiarse de sus bienes e incluso para aplastar a sus oponentes o vengarse, nada más y nada menos.

Todo salió a la luz una noche de marzo. Fui convocado en el parlatorio bastante tarde; parecía que el procedimiento se aceleraba. Los abogados me esperaban en el cubículo con el jefe de la investigación. Sus caras tenían un tono plomizo bajo la luz lúgubre del parlatorio, y sus ojos, narices y bocas eran del color del bistre. Pierre Richard había redactado la acusación. Lo supe en cuanto divisé su figura terrosa engalanada con una sonrisa de hielo. Firmé el acta. Habían esgrimido el artículo de los violadores, el 132. Habían señalado a Diane como víctima. Perdí la compostura y dejé escapar un «¡Debería darte vergüenza, cabrón!» entre dientes. Natalia puso su mano sobre la mía y me murmuró que no valía la pena. Tenía razón, me estaba mostrando débil y estaba haciendo el ridículo. Estaba contentando a Richard. Este abandonó el cubículo con los documentos y con una media sonrisa.

Vladímir había tenido acceso al grueso principal del expediente y me explicó con calma la pesadilla en la que me habían metido. El FSB era el artífice de los acontecimientos, eso seguro; había una carta que lo acreditaba. Un teniente coronel había ordenado a las fuerzas de policía que se formalizara una investigación alegando el descubrimiento de imágenes pornográficas ilegales en la web diariodelasmamas.ru. La orden venía de muy arriba, se había movilizado de inmediato a catorce investigadores y se había producido un gran despliegue de recursos. El equipo, que contaba con el apoyo de toda una brigada de expertos, determinó que el origen de las publicaciones era mi conexión a internet. Yo estaba solo en la vivienda en el momento de los hechos; los analistas estaban seguros, la red telefónica lo demostraba. Para terminar, los mejores profesionales calificaron las imágenes publicadas usando el repugnante término de *pornografía infantil.*

Esta era la fría mecánica del *kompromat.* No importaba si la historia no tenía ningún sentido; los abogados me abrieron los ojos. Solo importaban las apariencias: la conformidad del papeleo, el respeto del código del procedimiento penal y la pericia jurídica. Si hubiera falsificación, piratería y manipulación, el peso de la prueba recaería sobre nosotros. Mientras tanto, la acusación aspiraba a demostrar mi perversión: había publicado documentos comprometedores en una página web para padres jóvenes, se habían realizado exhaustivas investigaciones y, en base al informe psicológico, podía presentarse una denuncia por violación. Era un loco abyecto y peligroso. El pequeño Pierre Richard había jugado bien sus cartas, seguramente lo ascenderían.

Vladimir estaba muy serio. La proporción de los ataques lo preocupaban. Semejante despliegue de medios era una señal. Pierre Richard no era más que una pequeña rueda del engranaje. Alguien movía los hilos en la sombra, y no precisamente con delicadeza. Querían tenerme encerrado y lo estaban dejando bien claro. No se trataba solamente de impedirme trabajar o de echarme de la ciudad, o incluso del país. Me querían muerto; querían verme bajo tierra, bajo toneladas de tierra. «¿Se puede saber en el camino de quién te has cruzado? —me repetía Natalia—. Piensa, tenemos que saberlo».

Entonces, empecé a verlo todo con otros ojos. Me acordé de cuando Margot me habló del confiado agente Smirnov, que había intentado convencerla para que me capturaran. No me lo había tomado en serio, ni eso ni las preocupaciones de Alexandre cuando aquellos falsos agentes aduaneros venían a hacer inspecciones a la Alianza Francesa. No supe interpretar las señales. El FSB llevaba meses siguiéndome la pista.

Ahora sí podía hacerme una idea de los medios y técnicas que había empleado para llegar al punto en el que ahora me encontraba. Daba vértigo. Me habían seguido, espiado y registrado, habían entrado poco a poco en mi vida y en nuestro apartamento. Habían pirateado mi conexión a internet justo cuando Margot y Diane se fueron a Francia dos días antes que yo, dos días en los que estuve solo, y ellos lo sabían, estaban al corriente de cada detalle. Habían elaborado informes y cálculos y habían llevado a cabo acciones coordinadas. Una hora antes de mi detención, alguien había comprado un vuelo a Francia en mi nombre, lo que les serviría de argumento ante el juez para dejarme encerrado y que no pudiera huir. El demonio me acechaba y era muy meticuloso.

Y lo más sorprendente era imaginar cómo un grupo de diablillos habían examinado exhaustivamente mis archivos. El trabajo debió de ser colosal. Solamente con las fotos, debieron de buscar entre unos diez mil documentos repartidos por cinco dispositivos. Habían tenido acceso a todo: la antología publicada en línea lo demostraba. Habían seleccionado algunas imágenes de Diane paseándose desnuda con dos años y las habían colocado junto a imágenes de violaciones de niños, combinadas con escenas en las que Margot y yo hacíamos el tonto o nos mostrábamos en actitud cariñosa. Era una manipulación de lo más tosca. Podría incluso considerarse ridícula. Y lo era. Sin embargo, una vez dentro de la trampa del *kompromat,* solo importaba el artículo que te estigmatizaría.

Me dirigí a mi celda con el número 132 grabado a fuego en la frente.

Yo también creo que la violación de un niño es el peor crimen que se puede cometer. Es una declaración absurda; ya sé que cualquier intento de jerarquización del horror es inútil y retorcido. La taxonomía de lo abyecto se convierte en pura abyección. Poco importa. Cuando caminaba de regreso a la 645, la cabeza me pesaba y notaba en mis carnes el peso de la maldad. La acusación me colocaba al lado de los padres despreciables y de los hijos indignos.

De niño, comprendí muy pronto que mi madre tenía un trabajo que la convertía en una mujer especial. La jerga administrativa lo llama «asistencia social para menores». Ella usaba otras palabras para explicarme su trabajo, que era vocacional; tampoco eran estas las palabras, su modestia la protegía de todo énfasis. Su trabajo consistía en ayudar a niños desafortunados y quererlos. Había adultos que abandonaban niños, que les hacían daño, a veces incluso mucho daño. Y lo peor era que ese adulto solía ser su padre o su madre. En ocasiones, incluso los dos podían ser maltratadores. Escuché aquella palabra, *maltrato,* y más tarde, cuando descubrí los campos léxicos, comprobé el significado de algunos verbos en el diccionario: «tratar con crueldad, dureza y desconsideración a una persona o a un animal, o no darle los cuidados que necesita», «infligir abusos y discapacidades irreversibles», «violar». En el amor que sentía por mi madre, había cierta parte de orgullo de saberla del lado de los desamparados. Vi cómo se entregaba, literalmente, a esa labor cuyo precio eran heridas que no escondía. A veces, oía las risas de los niños a los que cuidaba, que me parecían un prodigio teniendo en cuenta la definición que había leído en el diccionario. Solo los seres más nobles pueden consagrar toda su vida a algo así, a sacar a flote los corazones y los cuerpos de las pequeñas víctimas de la depravación.

El estigma del número que llevo grabado en la frente me da justo donde más me duele.

Cometí un error. Vladímir me instó a no revelar el número del artículo que me habían aplicado, sobre todo a mis compañeros. Seguí su consejo.

No obstante, mi angustia iba más allá. El secreto de sumario me negaba el acceso a todos los datos de la investigación. Sabía que Diane había sido examinada por un experto médico legal, pero no conocía los resultados. Comencé a imaginarme en el peor de los escenarios: ¿y si los artífices de todo esto habían decidido violarla para incriminarme? Pasaba las noches en vela; fueron las más dolorosas de mi vida, veía la cara de Diane y oía sus gritos. Me mordía la lengua o el puño hasta hacerme sangre, con la esperanza de que el dolor físico me calmara. Un día, Vladímir me informó de que había leído el informe médico, que aseguraba que Diane no había sido forzada. Por fin pude volver a dormir, aunque había otra amenaza que acechaba en el horizonte. El pequeño Pierre Richard estaba inquieto. Quería que me transfirieran a otra celda, a una con compañeros como yo, los del artículo 132.

Un *zek* puede confraternizar con otro en un par de horas, pero todo puede cambiar en cuestión de diez minutos.

Una noche, oigo una voz extraña; es familiar pero a la vez desconocida, de tono mordaz e impregnada de una ira descomunal:

—¿Vania? ¡¿Vaaania?! ¿Te acuerdas de nuestra charla del primer día? ¿Eh, Vania, te acuerdas? Joder, te lo dije, hostia, ¡tenemos que decirnos la verdad! Joder, Vania ¿por qué no has dicho nada de lo del artículo? ¡Te han puesto el 132 y me entero por ahí, en los pasillos, por un puto policía! ¡Me cago en la puta! Soy el último en enterarme, me entero más de una semana después, ¡es ridículo!

Eran las diez en punto de la noche. Estábamos en la cama, Gricha acababa de entrar en la 645. Tuvimos una discusión acalorada. Desde mi litera, respondí haciéndome el ingenuo. Le dije que siempre había dicho la verdad y que este nuevo artículo no tenía ninguna importancia para mí; podían ponerme todos los números que quisieran, mi caso no era más que una estrategia política orquestada por el FSB, esa era la única verdad, y Gricha ya lo sabía.

Los ánimos se calmaron durante los días siguientes, conforme a Gricha se le fue pasando el enfado. En nombre de las normas de pureza jesuita, se me prohibió comer del gran bol común y ya no tenía acceso a una parte de la vajilla. Me apartaron. Yova y Sania me apoyaban con discreción, me dijeron que esperara, que estuviera tranquilo, que no me preocupara. Gricha no iría mucho más lejos, no tenía tanto poder. Yo estaba siempre alerta, ya que, salvo por los dos amantes de los crucigramas, la 645 se había vuelto en mi contra. El resto de la manada se escondía detrás del jefe. El ambiente a veces se crispaba y tenía que mantenerme firme, a menudo escabullirme e incluso poner a Aliocha o a Mustang en su sitio cuando dejaban escapar algún insulto. La celda 645 era un sótano. No me había dado cuenta antes, la luz natural apenas llegaba a través de la minúscula ventana.

Un día, estoy fumando en los baños, solo. Gricha entra, no para fumar, sino para hacer sus necesidades. Sin mediar palabra, se pone a orinar delante de mí. Tiro la colilla y me largo dejando escapar un «¡imbécil!» apenas audible. Me ha oído. Sale. Son las once de la mañana. Todos los habitantes de la 645 están fuera. Yo acabo de volver del parlatorio y Gricha, de sus asuntos en los pasillos. Los dos nos hemos perdido la salida para dar el paseo.

—¿Qué has dicho, Vania?

—Nada.

—Venga, dilo otra vez.

—…

—¡Joder, Vania!

—…

—¡Me has faltado al respeto, Vania!

—¿Estás de broma? ¡Acabas de mear mientras fumo! ¡Respeta las reglas!

—¡¿Que qué?!

Se dirige hacia mí, amenazador. Le saco dos cabezas. Que venga. Adelanto un pie, adoptando la posición de defensa y doy un golpe en el suelo con el talón. Esta absurda pantomima dibuja una siniestra sonrisa en el rostro de Gricha. Cierro los puños.

XVII

La celda 122

Me gusta este proverbio ruso, que encierra el optimismo de todo un pueblo: «El demonio no es tan terrible como lo pintan».

Oigo el chasquido de la llave en la cerradura, un sonido mecánico que ya me resulta familiar. La pesada puerta se abre. Entra el resto de la manada, encabezada por Yova, que me mira desconcertado. Ve que estamos a punto de llegar a las manos. Gricha me da la espalda y se dirige a su lugar favorito para entregarse a la masacre virtual de la consola. La tarde se hace larga, me veo obligado a sortear los arrebatos febriles del macho alfa y de los jóvenes lobatos que lo imitan. Me mantengo en guardia, listo para pelear. Mantener un estado de alerta permanente es agotador. Ya no temo la confrontación; a veces incluso la deseo, cuando la presión de las miradas y las provocaciones verbales se hacen insoportables.

Al día siguiente por la mañana, la voz anuncia:

—Barbereau, recoja sus cosas. Tiene cinco minutos.

La cámara y los micrófonos habían captado que el ambiente se había tornado hostil. Iban a trasladarme. Era lógico, yo era el responsable de aquella crisis. La noticia no me proporcionó ningún alivio, más bien provocó una nueva preocupación, ya que me veía capaz de hacer frente a la 645 —contaba con el apoyo moral de Sania y Yova—, pero no sabía cómo sería la siguiente. Mis abogados me habían advertido de que Pierre Richard intentaría convencer a la administración penitenciaria de que me trasladaran a una celda con otros presos convictos según el artículo 132. Los esfuerzos por hundirme continuaban desde el exterior. Un traslado suponía un potencial empeoramiento de mi situación.

El paseo por los pasillos fue largo, descubrí un nuevo sector de la cárcel. Franqueé numerosas puertas, me sometieron a cacheos y a perros. Llegué a una zona de alta seguridad, reservada a los expolicías y los detenidos que debían estar bajo vigilancia. Había llegado a la celda 122, que era minúscula, demasiado luminosa y no ofrecía ninguna comodidad. Había dos cámaras y dos micrófonos.

La celda estaba vacía y me quedé solo unas cuantas horas. Parecía que se trataba de más de una reestructuración y no de una integración. Recorrí aquella ratonera de entre diez y doce metros cuadrados en la que había espacio para cuatro presos. Dima y el Pequeño llegaron por la tarde. Dos días después, tío Yova se unió a la celda 122. La celda se había llenado. Comprendí que las decisiones del director me seguían protegiendo cuando la mano de Pierre Richard ya no podía intervenir.

Nuestro cuarteto era bastante armonioso. Dima se ocupaba de las relaciones con los guardias: gracias a él, conseguimos hacernos con un hervidor de agua y que nos redujeran el estricto régimen de vigilancia al que estábamos sometidos. Me habían sustraído hasta el mínimo trozo de papel que contuviera una línea escrita en francés y, gracias a Dima, los recuperé. Yova y yo nos encargábamos del aprovisionamiento de comida y tabaco y, gracias a la ayuda de nuestras familias y abogados, las entregas se sucedían con normalidad. La vida se reorganizaba poco a poco.

Dima era un mastodonte de grandes músculos que ejercitaba todas las mañanas con un complejo sistema de poleas y pesas improvisadas con trozos de sábanas atadas a la reja de la ventana o a las barras de las literas. Había sido cómplice en un asesinato; todo empezó como una lucha de testosterona que se les fue de las manos y pasó de unos cuantos insultos y unos tortazos a una emboscada, golpes, un par de tiros y, para terminar, unos sesos desparramados por el parqué del gimnasio. Él no había disparado, pero bastaba con estar implicado para pasar unos cuantos años en la cárcel. También había estado en la 645 y había sido trasladado tras un roce con Gricha. «Ese maldito Gricha», repetía Dima; decía que le había robado dinero con la falsa promesa de que lo enviarían a un campo de trabajo. Un campo de trabajo sería mucho mejor que el severo régimen de la cárcel de Irkutsk. Así me enteré de que Gricha comerciaba con falsas órdenes de traslado sobre las que él realmente no tenía ninguna potestad. Estas transacciones financieras se realizaban fuera de la cárcel: un miembro de su clan recogía el dinero que le entregaba un familiar del preso en cuestión. Tío Yova también había caído en la trampa. Gricha había intentado jugármela a mí también prometiéndome un teléfono y algunos privilegios menores. Yo le había exigido alguna garantía y, poco después, habíamos tenido nuestra disputa. No había vuelto a salir el tema.

El Pequeño era el único que no había tenido ningún encontronazo con Gricha. Tenía dieciocho años. Lo habían detenido el día de su cumpleaños. Me enseñó su historial, que recogía los puntos esenciales de su biografía: acumulaba siete demandas por robo desde los trece años. Esta vez, la condena era inevitable, y prometía ser considerable. El Pequeño era de Ulán-Udé, ciudad que conocía bastante bien y que era la capital del budismo tibetano en Rusia y estaba situada a cuatrocientos kilómetros de Irkutsk. El muchacho había formado parte de una de las principales mafias de la región. Me gustaba escucharlo y observar su cara de satisfacción cuando contaba sus aventuras. Reconocía que exageraba sus hazañas, al igual que sus borracheras, pero siempre describía la violencia del mundo con sinceridad: nos hablaba de su padre, consumido por la pobreza, las pulgas y el vodka, y con la espalda destrozada por una miserable vida en la fábrica. Finalmente, se había separado de su esposa, que acabaría dejándolo morir solo en la acera una noche entre el frío y el exceso de alcohol. Jugábamos juntos al ajedrez, le enseñé francés y me hablaba de su novia, Nadia, que estudiaba Medicina. Se le daba bien el bricolaje. Un tetrabrik de zumo y unas cerillas se transformaban en una escena de guerra fascinante y usaba las cuchillas de afeitar para hacer peladores de verduras. Un día hizo un dado con una caja de cerillas y, en otra ocasión, dibujó sobre una sábana un tablero de ajedrez con el que matar el tiempo.

El Pequeño tiene un tatuaje en el brazo izquierdo que espera que los jueces lean durante el juicio: «Soy esclavo del destino, no hay ley que me someta».

Me gustaba la franqueza de Dima, su dureza no enmascaraba su tremenda bondad e indecisión. Ahí está, ha vuelto del parlatorio. Se lo ve emocionado, acaba de hablar por primera vez con su mujer después de un año.

Me enseña unas fotos de una morena exuberante de labios delicados. Me habla de ella con la emoción de un niño mientras coge sin darse cuenta su objeto preferido: un vaporizador. Le pone unas cuantas gotas de gel de ducha y un poco de agua y lo agita con fuerza. Somos *zeks* refinados y respetables. Después de fumar y antes de cada inspección, Dima perfuma la celda. Los guardias siempre se sorprenden del olor con notas cítricas que flota en el aire cuando entran. Dima es el único *zek* al que he visto poner esto en práctica. Parecía encantado y, a la vez, que sentía envidia cuando recibí en un paquete un bote de crema hidratante de marca francesa. En esto no era muy diferente del resto de *zeks:* me sorprendió ver cuán valorados eran los cosméticos en la cárcel. Cosas como una hidratante de manos o cremas para proteger la cara del frío o del agua helada eran bienes muy preciados en la cárcel, y tener el poder de conseguir que te los mandaran del exterior podía convertirte en un hombre respetado. Yo compartía esta crema con Dima, para mi deleite y para el suyo.

Me enseña el tatuaje que tiene en la cara interna del antebrazo derecho. Una espada divide el dibujo en dos: en un lado está la cara de un demonio amenazador, en la otra la cara de Jesús y, en el centro de la hoja de la espada, una cabeza de lobo que surge de la nada. Una de sus patas descansa sobre la cabeza de Jesucristo.

Mi viejo camarada Yova también estaba allí, con su crucecita ortodoxa colgada del cuello. Retomamos los crucigramas y volvimos a celebrar nuestros coloquios alrededor de los cuadernos verdes llenos de citas y poemas. En la 122, las comodidades se habían reducido a un hervidor. Dima y el Pequeño se aburrían muchísimo.

Su peor pesadilla era estar desocupados y enfrentarse a sí mismos. Ese sentimiento me resulta desconocido. La soledad es una bendición cuando tienes libros, papel y lápiz. Al reflexionar sobre aquellos días, pienso que nuestro entendimiento fue casi sorprendente en aquel espacio donde era imposible dar más de dos o tres pasos. Compartíamos las tareas domésticas, los cigarrillos, la comida y las penas sin que ninguno se impusiera sobre el resto. «¡No tenemos democracia, pero tenemos té!», dijo Yova un día de escasez cuando estábamos los cuatro reunidos en silencio, casi rezando alrededor del santo hervidor. No nos quedaba nada que comer salvo un trozo de salchichón y dos pedazos de pan. Un sol radiante iluminaba la cúpula dorada que había frente a las rejas. Yova se levantó, hizo unos pasos de baile, agitando su gran barriga, y entonces recitó un poema infantil: «Buenos días, sol dorado, buenos días, cielo azulado...». Nos hizo bastante gracia.

La luz del día nos salvaba. La iluminación artificial que mantenían encendida toda la noche era agobiante. Una mañana, Yova estaba exhausto. La claridad permanente del techo le molestaba y las cámaras eran insoportables. Nos habían despertado en mitad de la noche para realizar una inspección sorpresa y nos habían prohibido sentarnos en las camas. Yova farfullaba desde que se había levantado: «Sobre todo, no te avergüences. Una vez hayas salido, no tengas vergüenza y cuenta la verdad de todo esto. ¡Estamos en manos de unos auténticos hijos de puta, de una gentuza que nos mangonea y nos humilla mientras se ríe de nosotros! Tú saldrás, no se arriesgarán a verse envueltos en un escándalo internacional, pero habla, cuéntalo... Y, sobre todo, ¡sal de aquí en cuanto tengas la oportunidad! ¡Ni te lo pienses! Rusia es preciosa y grande, ¡una preciosa hija de puta! Sí, aquí hay paisajes que se afincan en ti más de lo que tú te afincas en ellos... Tenemos el Baikal. Pero la mayoría solo sueña con largarse, ¡los que soñaban con cambiar las cosas ya se marcharon hace tiempo!».

Después, se quedó dormido con un libro en una mano y un subrayador amarillo en la otra, enarbolado cual antorcha. Las gafas se le deslizaban por la nariz. Roncaba. Se despertó, se recolocó las gafas y echó un vistazo al hervidor que había en la mesa, donde flotaban unos *noodles.* Dima les echó un buen chorro de mayonesa y resopló. El Pequeño sacó de nuevo a colación el tema de la gran amnistía, sobre la que llevaba hablando todo el día. Era la esperanza de los *zeks:* se habían anunciado unas doscientas cincuenta mil liberaciones. El Pequeño quería que lo juzgaran y condenaran ya para recibir el indulto cuanto antes. Dima creía que era un buen cómputo y que los jóvenes ladrones deberían formar parte de la lista. Tío Yova se mostraba más escéptico.

Con motivo del 70.º aniversario de la victoria sobre la Alemania nazi, el presidente anunció una absolución magnánima. La Gran Guerra Patriótica se celebra vaciando las cárceles. Esa será la manera de honrar a los veinticinco millones de cadáveres soviéticos, un millón de toneladas de carne humana, según los cálculos de Yova. ¿Cuál es la fórmula para pesar hoy el millón de toneladas que se han convertido en cenizas, momias y fantasmas? «No podemos ni imaginar su sufrimiento —me dijo tío Yova—, la tortura, el hambre y la masacre quedan grabadas en la piel; nuestros abuelos constituyen un enigma imposible».

Bostezó, masculló una maldición y echó un jarro de agua fría sobre el entusiasmo generalizado: «No se puede liberar más allá de lo razonable; de lo contrario, el sistema se colapsaría. ¡No pongas demasiadas esperanzas en esa amnistía, chico! Los guardias, los médicos, los carceleros, los que hacen negocio con las cárceles, las mafias internas y externas... Todos estos tienen que vivir de algo. Sería peligroso quitarles el pan, la sopa y la carne que los alimenta. Eso sin mencionar que el sistema necesita exhibir a sus *zeks* para demostrar su eficacia. Cualquiera puede acabar aquí si se entromete en el sistema o si desobedece la ley. Eso tienes que saberlo. Tienes que verlo».

Ya llevo encerrado más de dos meses y lucho contra el aturdimiento de este día interminable. La luz permanente y mi eterno monólogo interior me han trastornado el sueño. La falta de tranquilidad es agotadora, igual que la espera de los parlatorios con los abogados, así como los perros y los cacheos rutinarios y también las pequeñas humillaciones diarias. Sufro episodios de sonambulismo y me despierto sin saber dónde estoy ni quién soy. Cuando llega la noche, a los animales como yo nos invade la preocupación y la pena colérica de estar separados de nuestras crías. Abro uno de mis cuadernos verdes y saco el barquito azul. Lo desdoblo y paso el dedo por los corazoncitos dibujados con bolígrafo.

Yova confía en que mi caso será resuelto y en que acabaré saliendo, no puede ser de otra manera. Yo lo dudo. El comité de investigación parece decidido, la maquinaria ya se ha puesto en marcha. La audiencia para la libertad condicional no fue más que una farsa. Me sacaron de la celda, me metieron en una sala y me colocaron frente a una cámara. Así, asistí virtualmente a la audiencia, me defendí, cuestioné cada incoherencia y cada contrasentido, después Vladímir pronunció su discurso; luego, el jefe de la investigación, el fiscal, y finalmente le tocó al juez, que leyó una resolución que ya llevaba impresa. Conclusión: el *zek* Barbereau estaba muy bien donde estaba.

Guardo en la memoria cada una de mis salidas por los pasillos, cada recorrido entre aquellas cabezas de ajusticiados. Me envían a la enfermería para las pruebas rutinarias: análisis de sangre y radiografía. Espero mi turno en una celda con otra decena de *zeks* heridos, magullados y hacinados. Reparo en un viejo con la cabeza destrozada. Un ridículo vendaje le tapona la sangre que le mana de la oreja, de la mandíbula hundida y de un ojo seguramente reventado. De su boca desfigurada brota un quejido: «Ay, papaíto, papaíto, por qué duele tanto, papaíto, por qué te pudres aquí, papaíto, te caes a trozos, mi pobre papaíto, hundido en la miseria, rajado, jodido, cansado, papaíto, me cuesta respirar, mi pielecita arrugada mi papaíto, papaíto mío, no sé ni qué digo, papaíto...». Me vuelvo y veo a Adam el iracundo, que me ofrece una amplia sonrisa. Lo había olvidado; me da la sensación de que ha pasado mucho tiempo desde la cuarentena. Está esposado, como siempre. Me enseña las manos hinchadas y con la piel agrietada. Un guardia le ha pegado, pero se recuperará. Me pregunta cómo me va, charlamos. Ha oído que me he peleado. Lo tranquilizo y le pongo al día. Me dice que es fuerte y que está en una buena celda, así que aguantará.

Con las manos a la espalda, ligeramente encorvado y en silencio, observo las cabezas rapadas que desfilan y se cruzan por los pasillos. Busco un cráneo impecable, que no presente ni la más mínima cicatriz, pero siempre acabo encontrando ese pequeño brillo, ese llamativo agujerito donde ya no crece el pelo. No es casi nada en la mayoría de las ocasiones: una o dos marcas apenas visibles, que casi todos tienen en alguna parte del cuero cabelludo. Ahí se leen las huellas de la violencia humana, que se hace visible en las duras cabezas de los *zeks*.

Tarde o temprano iba a suceder: he sido convocado ante la comisión disciplinaria. Por suerte, tengo una buena relación con algunos guardias. La benevolente Nadejda Pavlovna, que dirige el sector de alta seguridad, me aconseja que lea la Biblia. «La posición de oración alivia el cuerpo, así como el espíritu; arrodíllate —me dice— y tus plegarias serán escuchadas». Lleva el pelo rubio recogido en una coleta, su voz es estricta y desprovista de emoción y sus ojos, cansados y amables, parecen haber visto innumerables horrores. Me cae bien. Igual que Dachi el Buriato, que siempre parece estar bromeando o haber sido víctima de una broma pesada y demasiado larga. Me cachea con desgana, ya no comprueba el fondo de los zapatos y me invita con gesto amable a salir de la celda. Entonces, siempre intenta decir alguna palabra en francés, como «silvuplé» o «¡Se la ví!». Y luego está Meigel, quien, por desgracia, es el típico guardia obsesivo y con aires de grandeza. Tal vez se trate de un agente del exterior enviado para vigilarme y para hacerme la vida imposible. Rastrea y registra cada mínima infracción y se enfada cuando intento ocultar algunos papeles durante el cacheo. Recientemente, ha descubierto que engañaba a la cámara de la celda para cubrir los focos del techo y atenuar así la luz por la noche para descansar. Estos pequeños actos de rebeldía me han costado unos cuantos informes del malvado Meigel. Le encantaría mandarme a la celda de aislamiento. Después de tres informes, tendrá vía libre. Mi suerte está en manos de la comisión disciplinaria.

El guardia viene a recogerme y me conduce por los pasillos con la cabeza gacha y las manos a la espalda. El adiestramiento funciona. Ya me conozco las paradas, los pasajes estrechos, las puertas y los cruces. Tengo una parte de la cárcel grabada en la cabeza, estoy alerta, busco algún fallo. Pienso en fugarme. Es una locura, teniendo en cuenta que estoy en el sector de alta seguridad. Meigel me encierra en una habitación minúscula y mugrienta mientras espero para presentarme ante la comisión disciplinaria. El olor a orina y a tabaco se funden con maestría. He reconstruido mi fortaleza interior. Las lúgubres paredes de la celda no me afectan. Siento lástima por el perro que se queja en el pasillo. No tengo tabaco, así que decido ponerme a recitar. Desde hace algún tiempo, por manía y por diversión, he estado rescatando fragmentos de poemas, textos y citas que mi memoria ha conservado. Empiezo por *El Mundano.* El poema de Voltaire posee un tremendo poder cómico en esta situación. Rememoro una fábula de La Fontaine y, después, otra. Recupero entonces con alegría las dos frases perfectas que abren *Una noche sin fin.* Paso por Cioran y por Georges Bataille. Marco Aurelio. Finalmente, François Villon emerge, triunfante. Y, de repente, ya no va dirigido solo a mí. Es duro y fraternal. Y doy voz a sus versos. Parece que los esté pronunciando por primera vez:

> Hermanos, hombres que nos sobrevivís,
> no seáis duros de corazón con nosotros,

pues, si de estos pobres compasión sentís,
Dios la tendrá más pronto de vosotros.

Me aprendí la *Balada de los ahorcados* durante la adolescencia, las tres primeras décimas y el envío final. Cursaba tercero. El señor Drouin se lo había enseñado sin mucho éxito a sus alumnos. Sabía cómo analizarlo, no se le escapaba nada. Mi amigo Damien y yo decidimos aprendérnoslo de memoria. Era un acto de rebeldía. Lo recitábamos con solemnidad y, por supuesto, sin venir a cuento. Era nuestra forma de parecer incomprensibles a ojos de nuestros congéneres; misteriosos, afligidos y, por supuesto, superiores. Era pura vanidad, mofa y fascinación sincera por esos cadáveres que se balanceaban con el viento. Con los ojos destrozados a picotazos y ennegrecidos por el sol, los colgados nos hablaban. Durante los años siguientes, no volví a burlarme de la balada ni volví a recitársela a nadie, aunque sí a mí mismo, en secreto. La murmuraba y, a veces, incluso me la recitaba a pleno pulmón. Era una suerte de hechizo.

El señor Douin nos contaba que en la época de Villon, se veía cómo llegaban los carroñeros bajo la horca para hacerse con los huesos o la sangre de los torturados. Las brujas los usaban para hacer polvos. Las noches de luna llena, había mujeres que se agachaban bajo la horca para cosechar las mandrágoras, una planta de propiedades mágicas fertilizada por los últimos restos de semen de los ahorcados. Con ellas elaboraban ungüentos que se untaban por todo el cuerpo antes de echar a volar a caballo o sobre una escoba, en dirección al aquelarre.

Recitar la *Balada de los ahorcados* puede considerarse brujería.

François Villon la escribió a finales del año 1462, o tal vez a principios del 1463, mientras esperaba a la muerte en la prisión del Châtelet. Había sido torturado y sometido al conocido tormento del agua. Lo habían condenado a la horca. Esperaba. Se iba a dictar una sentencia respecto la apelación, en la isla de la Cité. Se aferró a ella sin demasiadas esperanzas. Él ya se veía colgando de la cuerda, junto a los demás, haciéndose hueco en aquella vasta hermandad de títeres putrefactos. Escribió estos versos con la risa áspera de la angustia.

Su balada todavía perdura. No hay necesidad de adaptarla. Pronto cumplirá seiscientos años. Algunas palabras resultan lejanas, pero también han ganado fuerza. El mundo de Villon ya no existe, pero la noche incierta en la que paseamos nuestro eterno balbuceo permanece. Lo que aún se conserva de la balada es la fraternidad indiscriminada, el disparatado terror fraternal que crece con el paso de los siglos. Sucedió en un cuerpo, en una voz y, después, en miles de cuerpos y en miles de voces diferentes; y está aquí, en las nuestras. ¡Brujería! La *Balada de los ahorcados* prolongó la vida del prisionero del Châtelet. Fue liberado y se esfumó.

Recito sus versos desde las entrañas; versos ásperos, frágiles y grandilocuentes que transmiten el sufrimiento de aquellos que viven entre los muros de una prisión. Las palabras lo invaden todo. Un guardia se acerca y se asoma por la ventanilla. Yo prosigo ante su desconcertada mirada. Se marcha. Al parecer, considera que no estoy mucho más loco que los demás. Me deja a solas con Villon.

XVIII

La nave de los locos

Pushkin tiene quince años y nos ofrece su autorretrato. Es cálido, fugaz y nostálgico. El poema está escrito en francés. Estas son las primeras líneas:

> Me piden mi retrato,
> al natural y en pintura;
> lo tendrán de inmediato
> aunque en miniatura.

Salí de la cárcel el día del nacimiento de Lenin. Tenía la estúpida sensación de que era invencible.

La batalla en el tribunal de apelación duró tres días. Vladímir me había avisado de que nos enfrentábamos a un nuevo juez, de modo que tendríamos otra oportunidad. Expuse los hechos con fervor, Villon me inspiraba. La brujería había surtido efecto en la comisión disciplinaria y me había librado de la celda de aislamiento. Parecía que volvía a actuar. Se anunció el veredicto: arresto domiciliario con un brazalete electrónico hasta que concluyera la investigación. Vi cómo se agriaba la expresión del bueno de Richard. Yo me quedé de una pieza.

Era tarde, así que mi liberación se aplazó a la mañana siguiente. Pasé una última noche en mi celda. Pero cuando volví, el Pequeño ya no estaba. Lo habían trasladado a un campo de trabajo tras recibir la condena. Al alba, la voz me ordenó que debía prepararme. Le di un abrazo a Yova y otro a Dima. No sabía cómo librarme de la pena que me embargaba por dejar a mis compañeros. Contemplé sus caras con melancolía. Intercambiamos los números de teléfono y les regalé todo lo que podía serles útil de mi maleta: un pantalón corto, una camiseta, una cuchilla de afeitar y la crema hidratante. Me escoltaron hacia la salida. Nadejda Pavlovna expresó su deseo de no volver a verme.

Mis padres me esperaban a la salida. Habían adelgazado, igual que yo. Los estreché entre mis brazos. Sé que todavía recuerdan el sabor de aquellos abrazos y el temblor de sus manos, impacientes por tocarme. No lo dijeron, pero me vieron cambiado. Y tenían razón.

Acababa de salir después de setenta y un días en la cárcel y me sentía absurdamente invencible. Era consciente del peligro de aquella euforia desbocada. Había sobrevivido al primer círculo del infierno, ya nada podía hacerme daño. Estaba sano y salvo. Me sentía incluso preparado para volver. Ya no existía el miedo. «Tu estancia ha sido demasiado corta», me dijo Dima en la puerta de la 122. Seguiría con mi aprendizaje entre otras cuatro paredes.

Por supuesto, mi invulnerabilidad imaginaria se esfumó en una semana. Los problemas volvieron. Los trámites judiciales siguieron su curso y los investigadores no me daban tregua. Mis padres regresaron a Francia y yo volví a reconstruir mi fortaleza interior.

Pierre Richard consiguió la revancha: ordenó una nueva evaluación y mi ingreso en un hospital psiquiátrico. Intentó que me trasladaran al siniestro Instituto Serbski de Moscú en un convoy policial, pero al final me quedé en Irkutsk. Me ingresaron veinte días, durante los que experimenté nuevas penurias.

Muchos de estos lugares tenían un régimen de clausura por orden judicial. Alexéi fue el primero en venir a saludarme; se presentó enseñándome sus brazos cubiertos de marcas de jeringuillas. Era el toxicómano del grupo. Hacía un mes que se había desenganchado y no conocía otra cosa que no fueran paraísos artificiales: la belleza incandescente del cielo de la mañana tras una noche bajo los efectos del ácido, el alegre crepitar de una pipa de *crack* que anunciaba el bendito colocón o la dulce sensación de la heroína al extenderse a través del riego sanguíneo. Alexéi era uno de esos poetas decadentes capaces de elevar los efectos de las drogas al nivel de las bellas artes.

Se acercaron otros tres personajes. Estaba Gleb, el microcéfalo de pocas palabras; Artiom, que hablaba por los codos, y Liocha, que solo gruñía y gorjeaba. Los tres buscaban compañía.

Cuando yo estaba inmerso en mi lectura, uno se inclinaba sobre mi libro mientras los otros dos me robaban los cigarrillos, las cerillas o el bolígrafo.

La escena se repetía y yo los dejaba estar. Me bastaba con levantar la voz para recuperar mi preciado bolígrafo; lo demás lo di por perdido. Gleb intentaba esconder los cigarrillos bajo un pijama que le venía demasiado grande. Tanto él como Artiom tenían diecinueve años; Liocha, catorce. No sabía ni leer ni escribir. Se pasaba el día mangando cigarrillos y, cuando no fumaba, gritaba como un energúmeno, se quemaba los antebrazos con las cerillas o se cortaba con lo que tuviera a mano. Nunca se hacía heridas demasiado profundas ni graves, así que le dejábamos hacer. Se quedaba con nosotros en la unidad por falta de espacio y por miedo a que su estado empeorara al entrar en contacto con enfermos más graves. La directora del hospital, Svetlana Kirilovna, me lo explicó entre suspiros. En nuestra primera reunión, me informó de que mi evaluación no requeriría más que dos o tres sesiones por semana, pero estaba obligada a tenerme allí al menos tres semanas. Ese era el procedimiento. Me prometió que no me la jugarían y que la evaluación sería justa. Sabía quién era y la clase de gente que me vigilaba. Ella se encontraba en la misma situación que el director de la cárcel, ya que la presionaban desde el exterior, aunque, en su caso, podía conservar cierta independencia. Evaluaba y actuaba en función de sus intereses particulares y del código deontológico médico. Al final, un gran fajo de billetes por parte de mis abogados inclinó la balanza a mi favor. Yo jugaba según las reglas, compraba mi seguridad en el hospital. O al menos eso me hicieron creer, porque, en el juego del soborno y de las comisiones en un ambiente hostil, nunca se sabe realmente quién pide y quién recibe el dinero. Quien paga es siempre la víctima, pero ¿de quién?

En la nave de los locos, me llamaban Napoleón. Tuve la suerte de tener la habitación número tres para mí solo. Había dos más, con seis camas en cada una. Contando conmigo éramos trece y ocupábamos la planta entera. Dos puertas blindadas nos aislaban del exterior. Dentro, no había ninguna puerta, el personal podía acceder a cualquier espacio. Casi todos los enfermeros hacían gala de una bondad sobrenatural y siempre tenían una frase amable. Solo uno de la entrada robaba algunas de las pertenencias andrajosas de los que llegaban. Las comidas eran copiosas y las tomábamos en una habitación de paredes verdes opalino. A través de la ventanilla veíamos a la cocinera, que siempre nos saludaba, nos deseaba salud, buen provecho y, sobre todo, un buen descanso. La atmósfera era generalmente pacífica; de los nerviosos se encargaban las camisas de fuerza y las medicinas que tomaban bajo la estrecha vigilancia del personal. La mitad de los residentes llevaban pijamas que les venían grandes y deambulaban por los pasillos como fantasmas aturdidos. La otra mitad, a la que yo pertenecía, era más atlética y vestía como si estuviera en la cárcel, con pantalones de chándal y camiseta. No había ducha, solo un lavabo de limpieza cuestionable, junto a unos urinarios. Teníamos que estar visibles en todo momento.

Es difícil explicar con palabras lo que supuso para mí aquel hospital. Me sentía como en casa, aunque parezca una locura. Me acompañaba Casanova con su libro *Historia de mi vida,* tomo I y II. Esta lectura diaria me animaba, disfrutaba solo en mi cama. Muchos de mis compañeros dormían después del almuerzo, por lo que a veces yo era el único que estaba despierto. Casi todas las noches, el gato Beguemot se colaba en mi habitación. Saltaba con agilidad sobre la cama y charlábamos. Era tan sarcástico como siempre: «¿Te sientes como en casa aquí? ¿En serio? ¡Pues instálate aquí, muchachote, firma el alquiler para un año!». A veces, pensaba en escaparme y hacía planes de fuga, el veneciano me inspiraba. Anotaba sus consejos delante del gran Beguemot, que me decía: «¡Por fin haces algo útil, ya era hora de ponernos serios y largarnos de aquí!». En las otras plantas había muebles más pesados que los míos. Una noche, oí el estruendo indescriptible de un mueble que chocaba contra el suelo. Venía de la planta de abajo. Se oyeron gritos primitivos y un tenebroso ostinato. En nuestra planta, todos permanecimos inmóviles. Dormid, durmamos en silencio.

Me gustaba charlar con el bueno de Stepan, que acababa de cumplir los cincuenta. Llevaba un peto de trabajo y una camiseta de tul rosa que dejaba ver su torso delgado. Movía la mano abierta junto a su enorme boca desdentada y hacía bromas sin sentido que yo no entendía, pero nos reíamos de todos modos. Manoseaba una baraja de cartas mientras repetía: «¡Tres, siete, as! ¡Tres, siete, reina! ¡Tres, siete, as!». Nos enterábamos cada vez que iba al baño: estuvieras junto a él o en el otro extremo de la planta, lo oías gritar alegremente: «¡Estoy de parto!».

Me gustaba cuando la casa de los horrores se sumía poco a poco en un sueño profundo, los medicamentos hacían su efecto y los paseos de los enfermeros se sucedían con menos frecuencia. Me gustaba que Svetlana Kirilovna nos diera a todos las buenas noches y que se detuviera un momento en el umbral de mi puerta para observar cómo dormía. Me gustaban las bromas de Tatiana y sus interminables exámenes psicológicos. Era profesional, rubia, concienzuda y voluptuosa. Pasaba los días entre el hospital y la universidad, donde impartía algunas clases. Me preguntaba cosas sobre Francia. Yo le contestaba y ella me sonreía de forma coqueta. Ni ella ni yo lo hacíamos en serio.

En la nave de los locos había risas y llantos. Un día de lluvia, Alexéi el toxicómano vino a buscarme y me susurró, mientras me mostraba una bolsita de plástico: «¡Napoleón, tenemos cristal!». Unos amigos lo habían visitado por la mañana y les habían permitido entregarle una videoconsola en la que habían escondido la droga, todo un trabajo de orfebrería. Alexéi tenía ganas de compartirla, así que nos fumamos la metanfetamina en los baños, él, otros tres internos y yo. Fue una noche movida. Nadie pudo dormir en el ala, que se movía, aullaba y bailaba. El enfermero de guardia no daba crédito: «Pero ¿qué les pasa hoy? ¡Si no hay tormenta!». Tumbado en mi cama, con la mandíbula tensa y la mente alerta, sonreía de oreja a oreja y Beguemot se tronchaba junto a mí.

Mi estancia allí fue una gran aventura, entre huérfanos y miseria.

La miseria la encarnaba Liocha, el rubio de catorce años. Sufría tremendamente, nos habría gustado aliviarlo, pero no podíamos hacer nada por él. Y lo que era peor: resultaba exasperante. Acosaba, robaba y se creía el dueño del lugar. Más adelante, llegaría a mutilarse, pero, hasta que esto ocurrió, fue insoportablemente odioso. Siempre buscaba pelea. Algunos incluso le pegaban a escondidas; yo los entendía, también me sentí tentado en alguna ocasión. El viejo Boris se lamentaba: «¿Cuántos chicos como Liocha hay en las calles, chicos que se han echado a perder y que acabarán algún día entre rejas?». Como de costumbre, me sentía más unido al más viejo de todos, Boris, que estaba jubilado. Una decisión judicial requirió que se sometiera a un examen psiquiátrico. Había robado en una tienda. Vivía a doscientos kilómetros del hospital, y el transporte de ida y vuelta le costaba su pensión mensual. Subsistía gracias a las verduras que cultivaba en su jardín. Eso le preocupaba, las verduras lo esperaban. Pasar tres semanas sin trabajar el huerto era impensable. «Me pregunto sobre la salud mental de nuestro sistema judicial», decía todos los días.

La miseria también la encarnaba aquel loco desconocido que llegó una mañana. No tenía ninguna historia; simplemente venía de la calle. Su nombre y todo lo que lo rodeaba era un misterio; quizá lo mantenía en secreto por prudencia o inspirado por un delirio superior, ya que solo hablaba con quienes llevaran bata blanca. Las medicinas lo dejaban inconsciente y lo hacían estar encamado la mayor parte del tiempo, así que lo despertaban para la cena y se tambaleaba hasta el comedor. Entró en la unidad muy débil, descalzo y con los pies y las uñas ennegrecidos. La suciedad de los pantalones los había teñido de un color indescriptible. Dos enfermeros lo sujetaron, lo tumbaron y, en cuestión de segundos, ya estaba roncando. Alguien le puso los zapatos a los pies de la cama. Estaban destrozados, peor que los de un mendigo y, además, los dos eran del pie izquierdo. Al principio, pensé que no los había mirado bien, así que lo comprobé: efectivamente, eran dos pies izquierdos mugrientos; dos objetos viejos, oscuros y sin forma y con cordones que se perdían entre la porquería. Era hermoso y conmovedor, como un Van Gogh. Un enfermero se deshizo de ellos al final del día, junto con el resto de su ropa.

En la nave, me sometieron a numerosos exámenes. Muestras de orina, de sangre y de saliva, pruebas oculares, pruebas de lógica y cientos de preguntas. Apunté algunas:

¿Has sido feliz en los últimos seis meses? ¿Has sufrido alucinaciones visuales o auditivas? ¿Te gusta humillar a aquellos que consideras inferiores? ¿Te echas a reír o a llorar sin motivo? ¿Crees que estás en esta situación porque alguien quiere hacerte daño? ¿Sueles tener el sueño alterado? ¿Has consumido drogas? ¿Te golpeaste la cabeza de pequeño? ¿Eres sonámbulo? ¿A veces no entiendes nada durante una actividad grupal? ¿Crees haber hecho algo imperdonable? ¿Te asaltan ideas que no puedes comentar con nadie?

Fui listo y decidí no decir nada sobre mis episodios de sonambulismo, sobre Beguemot, ni sobre la metanfetamina de Alexéi.

Un sexólogo con una enorme verruga en la nariz hizo balance de mi vida sexual. Nuestra entrevista terminó con un examen visual de mi pene y unas preguntas que me planteó con mucha seriedad: «¿A qué edad te salió pelo en el mentón? ¿Y en los testículos?». Aquel hombre parecía un lunático a punto de ser internado. Sin embargo, me permitió rememorar algunos placeres esenciales. A la pregunta sobre el placer le respondí con el orgullo de un buen alumno: «El placer visible que doy siempre constituye cuatro quintas partes del mío propio».

Tras haber completado las tres semanas reglamentarias en la nave de los locos, los expertos psiquiátricos judiciales se reunieron. Svetlana Kirilovna redactó un informe de quince páginas que tuvo que sintetizar a petición del comité de investigación. Se esforzó para enriquecer el documento. No suprimo ni añado nada, aquí está mi retrato resumido de la mano de Svetlana:

«Yoann B. no sufre ningún tipo de trastorno psíquico ni lo ha sufrido en el pasado. Es consciente del alcance de sus actos y de su posible peligro social. Es capaz de conducirlos. No hemos detectado deterioro mental ni episodios de delirio o alucinaciones. Por consiguiente, Yoann B. puede recibir una sanción penal. En vista de su estado psicológico, el sujeto no requiere medida alguna de cuidados forzados. Puede participar en una investigación preliminar, en una instrucción y en un juicio.

Las características psicológicas individuales del sujeto son: sociabilidad, vitalidad, terquedad, tendencia a basarse en su propia experiencia, cambios de humor de tipo cicloidal, intensidad de las expresiones emocionales y deseo de complacer a los que lo rodean. Defiende su punto de vista con tenacidad. Es fiel a sus principios y demuestra rectitud y constancia cuando los defiende. Hace un balance positivo de sí mismo, sus intereses son estables y muestra un alto nivel de vitalidad. El sujeto exhibe una gran fortaleza cuando se fija un objetivo, manifiesta una gran iniciativa, espíritu crítico, clarividencia y realismo en la percepción de quienes lo rodean. El sujeto es capaz de identificar los objetivos de la vida y sabe cómo alcanzarlos, insiste y persevera y sabe atraer y movilizar a otros para llevar a cabo un proyecto. Siente una gran necesidad de expresarse y de tener éxito. El examen no ha revelado un alto nivel de sugestión en el sujeto ni ningún signo clínico que demuestre trastornos en sus preferencias sexuales tales como la pedofilia (atracción erótica o sexual hacia niños) o exhibicionismo (perversión consistente en el impulso a mostrar los órganos genitales en lugares públicos con la intención de alcanzar la excitación sexual). Teniendo en cuenta su estado psicológico y su evaluación sexual, Yoann B. no necesita un tratamiento forzoso».

XIX

Silencio y humo

Abro una página al azar de un libro de Viktor Pelevin que hay tirado en los baños del hospital psiquiátrico. Un párrafo me llama la atención:

> Conocí a un comunista chino llamado Tseu Zhuang. En sueños, se veía como una mariposa roja que revoloteaba entre la hierba. Y cuando se despertaba, no llegaba a comprender si era una mariposa que soñaba que actuaba en la clandestinidad o un revolucionario que volaba de flor en flor. Un día, en Mongolia, Tseu Zhuang fue arrestado por sabotaje. Durante el interrogatorio, dijo que él en realidad era una mariposa y que todo aquello era parte de un sueño.

Tal vez soy un insecto que soñó con Rusia o quizá fue Rusia la que soñó conmigo.

Viví más de un año con un brazalete electrónico. Aún hay momentos en los que me parece notarlo y me lo busco en el tobillo.

Era una especie de reloj grande, resistente al agua e irrompible, con un microchip. Desde las oficinas, la policía vigilaba mis movimientos con un margen de error de tres a cinco metros. Un teléfono completaba el dispositivo. Lo instalaron en la habitación principal del apartamento. Solo las autoridades penitenciarias podían llamarme. Unos sensores les permitían escucharme y monitorizarme a distancia. Ya no estaba en la cárcel, pero seguía siendo un insecto encerrado entre cuatro paredes, como una cucaracha en un tarro de cristal. El arresto domiciliario se regía por unas reglas muy estrictas. Solo podía salir una hora al día, y únicamente para hacer la compra y dentro de un perímetro restringido. Tenía prohibido ponerme en contacto con Margot, con Diane o con cualquier testigo interrogado durante la investigación. No podía tener conexión a internet ni un teléfono personal.

Durante las primeras semanas, era consciente de que me vigilaban. Los rastreadores se dejaban ver. Un coche podía pasarse la mitad de la noche parado frente a mi ventana. El mensaje era claro: no me quitarían ojo; si daba un solo paso en falso, me meterían de nuevo en la cárcel.

Mireille vino a visitarme. Salió del avión tan jovial como siempre. Las seis horas de vuelo y las cinco de cambio horario no parecían haberle afectado en absoluto. Se encendió un cigarrillo mientras observábamos desde el balcón al joven con un enorme maletín que nos vigilaba. Volvimos a entrar y suspiró casi con alegría antes de devorar los creps y el té que le había preparado. Utilizaba la mantequilla y la leche de una pareja de amigos granjeros y había estado trabajando en una nueva receta que a mi invitada le encantó. Flambeé un poco de coñac y Mireille me dedicó unas palabras de apoyo. Me trajo noticias de la habitación sorda, que era una sala de la embajada donde no había vigilancia. Allí discutían el caso Y. B., lejos de teléfonos y otros aparatos de vigilancia. La consternación del principio ya había pasado. El embajador había estado informándose y buscando consejo. Estaba decidido a poner fin a esta farsa. Nadie creía en la posibilidad de un juicio, y menos, de una condena. Es una broma de mal gusto cómo la Rusia provinciana puede elaborar tales maquinaciones, resulta inédito y repugnante, pero las autoridades de Moscú pondrían fin al asunto. Se verían forzados a hacerlo, y la diplomacia francesa trabajaba en ello. Todo acabaría. Mireille se alegraba de poder decirlo delante de los que quizá nos estaban escuchando. Quería hacérselo saber.

Con todo, el juicio no llegaría a celebrarse.

Corrían otros rumores por los pasillos de la embajada, acompañados del clásico «no hay humo sin fuego».

Mireille se arrepintió al instante de haber soltado esta información y me tranquilizó diciéndome que tan solo se trataba de una conversación aislada. El *kompromat* es una técnica burda y sutil. La manipulación puede ser muy escandalosa y siempre deja un rastro infame en la piel de la víctima. El ilusionista fabrica y reparte sus trucos, y sabe que cuenta con el apoyo de unos cuantos imbéciles que repetirán con aires de entendimiento: «No hay humo sin fuego».

Sin embargo, el polvo que el caso había levantado se había asentado. Mi hermana Bérénice, que lo seguía desde Francia, me lo aseguró. Nos comunicábamos a través de una aplicación segura. Los mensajes eran indetectables, estaban cifrados y desaparecían tras ser leídos. Usaba un teléfono que estaba a nombre del bufete de mis abogados. Esta artimaña nos permitía esquivar las estrictas normas del control judicial. Me estaba permitido recibir o hacer llamadas en presencia de Natalia o Vladímir. Si encontraban el teléfono en un registro, debía decir que no era mío, que alguien se lo habría dejado. Así empecé a construirme una vida paralela y clandestina.

Luchaban con todas sus fuerzas por mí. Mi familia, mis compañeros y mis amigos habían formado un comité de apoyo. Bérénice me contó cómo fue aquel primer encuentro pintoresco en el Muelle de Orsay. Apareció una extravagante procesión de diez funcionarios. Se produjo un rechinar de sillas y todos se sentaron a la vez frente a mi hermana, mi padre y dos amigos que habían ido a apoyar la causa. La asesora política, que se había situado al frente de la reunión, explicó que la justicia rusa era independiente y soberana; que funcionaba más o menos bien, añadió su compañero de la oficina de asistencia a detenidos; los inocentes acababan siempre en libertad, había que mantener la calma, aconsejó la asesora. Un jurista de la oficina de protección de menores terció que Rusia estaba hoy en día muy preocupada por los derechos de los más pequeños y que esto podía llevar a la excesiva ralentización de los procesos. «Disculpen —intervino un hombre pequeño y paliducho—, aquí no deberían discutirse asuntos de carácter privado»; así de claro lo dejó la oficina de protección consular. Mis amigos se quedaron atónitos y Bérénice protestó. Los secretarios tomaron nota. El embajador, por su parte, susurró mi padre, hablaba de negociaciones. El consejero delegado intervino para explicar que se trataba de una cuestión delicada. Se hizo un silencio; la estudiante de prácticas se sonó la nariz. Reanudó su discurso: «Nos hemos movilizado, no podemos daros todos los detalles, pero si realmente encontramos alguna irregularidad, actuaremos. No podemos pedir una liberación, tenemos que permanecer serios, ser educados y comedidos. Deberían alegrarse al menos de una cosa: no todas las familias tienen la suerte de poder hablar con su excelencia el señor embajador», concluyó rápidamente.

Tras esta intervención, los diez soldaditos volvieron a sus despachos oscuros tras redactar aquellas notas que caerían en el olvido.

Tuve suerte. Mis aliados eran numerosos y supieron organizarse. Nombraron a un nuevo ministro de Asuntos Exteriores. Había sido alcalde de Nantes y mi amigo Thierry lo conocía. Lo llamó. Desde aquel momento, mis preciados defensores franceses fueron escuchados. Ya nadie podría andarse con rodeos ni ignorar mi situación; ya nadie se escondía. Los diplomáticos pidieron silencio y prometieron que el juicio no llegaría a celebrarse.

Margot reapareció. Nuestra conversación telefónica duró siete horas, una noche entera. No recuerdo qué nos dijimos, pero sí el nudo en el estómago, el sonido de su voz lastimosa y el de la mía, enfadada. Tengo una grabación de aquella conversación, trato de escucharla: «Estoy en Londres —comienza—, he rehecho mi vida». Me reprocha mi frialdad y que no la haya felicitado por su cumpleaños. Continúa con su lista de reproches. Dice que le he hecho daño, que nunca he sabido quererla. Me declara su amor, me habla de su historia con un banquero: un hombre exigente y selectivo, con buen gusto, generoso y atento. Hay momentos en los que comienza a gritar, pero luego se disculpa. «Pide en el bar sin preguntarme lo que quiero; es un poco raro, pero él es así, sabe cómo cuidarme». Se alegra de que siga vivo, después le tiembla la voz y me dice que nunca se lo perdonará, llora y me dice que me quiere, que está confusa, y me propone visitarme en secreto. Se arrepiente de los celos y de haber huido, y me dice que siempre me ha faltado algo de perspicacia. Soy demasiado blando para lo implacable que es el amor.

Cada historia dura lo que dura; la nuestra no tenía futuro y yo no me lo quería creer. Me oigo a mí mismo hundiéndome en un mar de ruegos lastimeros. «Estoy a favor de la eutanasia —me interrumpe Margot, tajante—, tanto para los gatos como para los perros». No entendía qué me quería decir. «El amor puede durar diez años, incluso quince, pero va a morir antes que nosotros, lo sabemos, pero aun así vivimos con ello. Cuando desaparece, encontramos otro. Estoy a favor de la eutanasia». Estas fueron sus palabras, estas, que los que se aman se dicen cuando saben que están condenados. Palabras necesarias y a la vez ridículas.

Margot no dormía bien. El amor es muy duro. «Tú no lo eres», me dijo Margot. Ella había salvado el pellejo, me había dejado solo y no podía seguir adelante. Estaba preparando una denuncia con su abogado contra el comité de investigación. Tres días después, descubrí un texto de doce páginas en el que plasmaba toda su rabia y su inteligencia, y en el que combatía la violencia con violencia con su habitual talento quirúrgico. Desvelaba cada detalle de su interrogatorio, las intimidaciones y las amenazas a las que la habían sometido. Denunciaba las falsificaciones de la investigación y la manipulación de las palabras de Diane. Explicaba cómo aquellos ilusionistas jugaban con el miedo, los celos y los engaños. Mencionaba nombres, palabras y circunstancias. Margot se sentía culpable y víctima. Este ataque la ponía en peligro y la liberaba. Pasó a formar parte de mis aliados.

El juicio no llegará a celebrarse.

El comité de investigación se tambaleaba. Pierre Richard fue apartado del caso. Su sustituto se llamaba Skotinin.

Me da la mano, me evalúa y me dice que soy el único francés que ha pasado por la cárcel de Irkutsk. Al principio no entiendo su actitud. Se comporta como si fuera mi amigo, me hace bromas y algún que otro cumplido. Esa es su misión. Trata de suavizar el terreno antes de devolverme a la cárcel. Domina la técnica a la perfección. Un día, me comenta que le encantaría que me extraditaron, que él no se opondría, que este asunto no le conviene a la policía. Probablemente esté siendo sincero. Otro día, me dice que corre el rumor de que soy escritor y me pregunta si es cierto. Me alaba y trata de indagar con torpeza, comenta que muchos famosos han escrito en la cárcel y me pregunta sobre supuestas tonterías. Sus intenciones no son buenas; está estudiándome. Mis abogados me informan de que ha sido enviado por el FSB. La investigación sigue adelante, la montaña de documentación no para de crecer. Mis entrevistas con Skotinin duran meses.

Iliá me escolta en coche cada vez que me convocan en comisaría y en cada audiencia sobre la libertad condicional. El resto del tiempo me vigila a través de la pantalla, observa mis desplazamientos durante las salidas autorizadas. Comprueba que el brazalete funciona correctamente. Fuma tranquilo, cuida las camisas, así como su flequillo, que le corta la frente por encima de las cejas. Nos entendemos bastante bien. Me pregunta sobre la vida en Europa. Está seguro de que acabarán soltándome y de que el juicio no llegará a celebrarse. Me habla de sus pasiones: los equipos de fútbol europeos y los coches alemanes. Me hace prometerle que organizaremos una partida de caza con sus amigos una vez me hayan liberado. Le tomo la palabra, la caza se convierte en nuestra pasión en común; resulta que él había matado un oso el año anterior. Me habla sobre el Manchester United, sobre el FC Barcelona y la Juventus de Turín. También hablamos de los BMW de la serie M. Me gusta su gran dinamismo, tanto interior como exterior, y también su agilidad competitiva, el ADN deportivo innegable de esos coches es fascinante. Para Iliá, soy el tipo que condujo un BMW M4 Coupé, mi favorito. Lo probé en un circuito, qué subidón de adrenalina, querido Iliá; el momento en que agarras el volante de un BMW M4 Coupé es maravilloso, qué sensación la de pasar de 0 a 100 km/h en tan solo cuatro segundos, Iliá; ese coche es pura energía, la belleza de su silueta curvilínea, sus retrovisores aerodinámicos optimizados, qué felicidad, de verdad, Iliá; espero que algún día tengas la oportunidad de conducir un BMW M4 Coupé.

Forjamos una buena relación. Iliá se sorprende de que no exista ninguna palabra en francés para la chusma con la que nos cruzamos en el mercado. Él los llama *tchurki.* Intento traducirlo para complacerle. Podríamos decir que son los moros del Cáucaso y de Asia central. «Mi barrio se está llenando de moros —se queja Iliá—, este país se va a la mierda, fastidiamos a la gente buena como tú, Vania, ¡y todo por dinero! Unos cuantos se enriquecen así, y dejamos libres a los delincuentes y a los *tchurkis,* ¡este país es asqueroso!». Asiento con seriedad y sin demasiado convencimiento. Tengo muy buena relación tanto con mi chófer como con Sofía, la compañera con la que se turna (no para conducir, sino para vigilarme). A veces, viene a inspeccionar el apartamento. Me gusta hablar con ella; a menudo charlamos de la crisis, de su primo que se ha ido a vivir a Inglaterra o de sus hijos.

Diane estaba creciendo. Yo me grababa en vídeo y se los enviaba a Bérénice o a Margot para que se los enseñaran. ¿Comprendería ella lo que ocurría? Había desaparecido de su vida durante mucho tiempo y me estaba olvidando. Yo solo era un hombre que gesticulaba en una pantallita y que hacía muecas para que pareciera que la vida no era tan mala, después de todo. Margot me contó que, un día, Diane iba corriendo y se cayó al suelo. Se incorporó y se echó a llorar. Se volvió hacia los adultos más cercanos, dejó de llorar y dijo: «¿Y mi papá?».

La investigación siguió su curso. El expediente final tendría trece tomos. Durante más de un año examiné aquella intrincada prosa encerrado entre mis cuatro paredes. Era una tarea absurda; aquel montón de miles de páginas no tenía ningún sentido. No había ni un solo testigo que me acusara y el conjunto de los elementos formaba una miscelánea absurda y descabellada. «¡Esta resolución parece salida del culo del jefe de la investigación más que de su boca! —decía Vladímir cuando se exasperaba leyéndola—. ¡Menuda sarta de palabrería retorcida, es para matarlos!». Mis abogados estaban preocupados; no había forma de detener aquello. Skotinin era incluso más astuto que su predecesor. Tenía a su disposición un ejército de mercenarios especializados en bricolaje jurídico. Natalia se repetía una y otra vez la misma pregunta: «Pero ¿quién va a por ti? ¿Quién se está tomando tantas molestias?».

Algunos días me sentía extrañamente libre. Leí *En busca del tiempo perdido* de Proust. Me tomé mi tiempo, compré ingredientes para hornear magdalenas, las hice y le di la razón a Marcel: la repostería era «generosamente sensual». Me alimenté del alegre revoltijo de las *Vidas, opiniones y sentencias de los filósofos más ilustres*, probé a *Perceval o el cuento del Grial*, releí a mi maestro Bulgákov y otros volúmenes grandes y densos; era todo un lujo.

Vi una gran cantidad de películas y series, podía pasarme doce horas seguidas frente a la pantalla. Devoré los ochenta y seis episodios de *Los Soprano* en siete días, las dos primeras temporadas de *Twin Peaks* en cuatro días y vi dos veces los sesenta y dos episodios de *Brea-*

king Bad. También vi *Juego de tronos.* Necesitaba reír, llorar y sorprenderme, así que vi varias veces algunas comedias soviéticas, las películas de Leonid Gaidái, la obra maestra de Mijaíl Kozakov, las maravillas de Nanni Moretti y de Agnès Varda, la mecánica fluida de Francis Veber y las obras completas de los hermanos Coen, de Emir Kusturica o de David Lynch.

Me pasé una noche entera tocando la guitarra mientras cantaba endechas, cual lobo aullando a la luna. Hacía lo posible por secar mi pozo de tristeza, así, por las mañanas, me sentía vacío y satisfecho. La noche siguiente, al volver a la carga, bajó un vecino. Me compadecía sinceramente, pero quería dormir. Me recomendó una mezcla de somníferos y antidepresivos. Al final, opté por el alcohol; el vino blanco seco era mi favorito. Pero en ese momento, me apetecía algo más fuerte. El vodka ya no me interesaba, así que me pasé al *whisky* y al coñac, y después busqué en YouTube algún cómico que me hiciera reír. Mi sentido del humor ya no tenía límites.

Observaba la vida pasar desde mi ventana y mi balcón: el edificio oscuro de enfrente, el desfile matutino de coches frente a la escuela de música, la danza nocturna de clientes que frecuentaban el prostíbulo de la tercera planta, los paseos de las familias y los carritos por la acera sobre las cinco de la tarde, los perros con correa sobre las seis y el anciano que compraba un litro de cerveza cada día entre las seis en punto y las seis y veintiséis para luego sentarse en el desgastado banco de la esquina, donde se bebía la cerveza hasta las siete, acompañada de una bolsa de pipas que pelaba a un ritmo constante.

El 1 de septiembre, la calle se llenó de niños. Era el primer día de clase y los pequeños lucían trajes limpios y las niñas, vestidos de encaje, trenzas y el tul blanco que les decoraba los peinados. Todo eran flores, globos y risas.

La medianoche del 31 de diciembre, brindé conmigo mismo mientras veía a mis vecinos lanzar fuegos artificiales desde los balcones. La gran valla publicitaria que decoraba el edificio oscuro me llamó la atención. Un tipo con traje y corbata llevaba un globo enorme con forma de perro. De la boca del perro salía un eslogan que se dirigía a mí y que me prometía en letras doradas un rápido aumento del saldo de mi cuenta bancaria. Al día siguiente, se produjo un terremoto, un leve temblor que procedía de las profundidades del lago. Se trataba de un fenómeno poco habitual; era la primera vez que lo experimentaba. El Baikal me saludaba, había venido a sacarme de mi letargo. Estaba escuchando el programa de Adèle van Reeth en la radio. Me ayudaba a salir de ese vacío existencial. Apenas me interesaban las intervenciones de sus invitados, que eran generalmente filósofos. Su voz era ambiciosa pero suave y poseía una dureza antinatural; se percibía un deje de inocencia bajo sus inflexiones autoritarias, y yo solo esperaba a que el invitado se callara para que me dejase con el tono voluptuoso de Adèle. Ya no sé si fue ella la que comparó la filosofía con el boxeo o si fue el invitado quien lo hizo, pero, tras aquel leve terremoto, decidí empezar a boxear. Encargué un pesado saco de boxeo, lo colgué del techo y comencé mis entrenamientos siguiendo los consejos de un *youtuber* especializado. El saco me salvó.

Estaba golpeando el saco metódicamente cuando Alexandre se presentó en mi casa. Lucía una expresión tensa a través de la mirilla. Ya habían pasado ocho meses desde mi salida de la cárcel. Me abrazó, se disculpó por no haberme visitado antes y también en nombre de aquellos que nunca vendrían. Le susurré una advertencia al oído. Nos felicitamos el año nuevo y hablamos de trivialidades para entretener a los micrófonos mientras manteníamos la auténtica conversación en papel. Nos pasábamos notas por debajo de la mesa y, cuando necesitábamos escribir más tiempo de la cuenta, el que tenía las manos libres daba unos golpes al saco de boxeo, acompañados de algunas consideraciones bizantinas sobre el arte pugilístico. Aquella fue la única visita que recibí. Después de aquello, me convertí en un profesional. Me hice con herramientas especializadas y me formé en línea. Aprendí a localizar los puntos de vigilancia y a despistarlos. Coloqué un buzón invisible para organizar nuestros encuentros. Nos cruzábamos durante mis salidas, entre los estantes del supermercado o en la trastienda de Gulnara, la frutera de debajo de mi casa. Comencé a ahogar a los potenciales observadores en una masa de información parasitaria: me reunía con amigos, en casa o en restaurantes cercanos, y charlaba sin parar. Dejaba la radio o la televisión constantemente encendidas. Cuando me seguían, entraba en bares y charlaba sin descanso con desconocidos, o enviaba largos mensajes de texto sin cifrar para que quienes me espiaban tuvieran que movilizar a los traductores. Siempre evidenciaba mi tranquilidad, mis esperanzas y la aceptación del juicio que se avecinaba. Mantuve ocupados a los hombres que me vigilaban saturando el teléfono con mensajes anecdóticos. Reforcé mi fortaleza interior. Aún pasaron algunos meses más hasta que la presión disminuyó y me aseguré de que ya no espiaban mis idas y venidas.

Estaba preparando mi huida. Alexandre era el único que estaba al tanto.

Alexandre es un buen amigo, un compañero de batalla. Se codeaba con gente que lo mantenía informado. Lo habían puesto sobre aviso: el FSB había hecho acto de presencia, no se podía ignorar; nadie podía afirmar quién era yo, agente oculto del Estado francés o no, la prudencia exigía tomar distancias. «¿Y qué hay de nuestra amistad?», objetó Alexandre. Ignoró las advertencias y nunca me abandonó. Él me lo aclaró todo. Todo aquel asunto había sido, desde el principio, un movimiento arriesgado. Un dirigente ambicioso pensó que sería conveniente poner precio a mi cabeza y así dar ejemplo. Yo era demasiado visible y molesto, me hacía oír demasiado, era demasiado cercano al alcalde, demasiado libre, un megalómano, y darme una lección podía resultar beneficioso. Ese fue su razonamiento. Nunca hay que subestimar la brutalidad y la ociosidad del FSB en las zonas provinciales; aquella gente era una caja de sorpresas, insistía Alexandre, eran unos parásitos y unos tarugos. Los instigadores se habían visto desbordados enseguida y, luego, habían sido cuestionados. Los retrasos y las luchas internas habían hecho posible mi salida de la cárcel. A partir de aquel momento, era Moscú quien llevaba las riendas del juicio. No era una buena noticia, todo aquello había ido demasiado lejos. Había denunciado públicamente las conspiraciones, la violencia y las falsificaciones. Poner fin al error garrafal del dirigente era ir en contra del sistema. Las autoridades federales no tenían otra opción que explotarlo y llevar su lógica al límite.

Querido Yoann, debes entender que ahora eres un rehén. Los verdaderos criminales —los del Kremlin— han tomado el control. Habrá negociaciones. Querrán intercambiarte. Te condenarán duramente, la puja subirá. Quieren mandarte a un campo de trabajo de régimen estricto, ese es su plan. Tienes que mantener la calma, pero también la lucidez. Estoy contigo. Dime qué más puedo hacer.

Alexandre

Puse al día a mi hermana Bérénice: el juicio iba a comenzar. Celebraron una reunión en el Muelle de Orsay. Entre mis apoyos de Francia, hubo quienes quisieron romper con la estrategia del silencio, pero los diplomáticos impusieron su postura. El ministro llamó a la calma. El embajador anunció un día la victoria. Decía que era cuestión de semanas. Se sentía orgulloso; su intervención había sido decisiva. La investigación concluiría con un sobreseimiento. Sus interlocutores rusos le habían dado garantías. Pronto podría tomar un avión que me sacaría de aquel aprieto.

El juicio no llegaría a celebrarse.

Alexandre estaba convencido de lo contrario. Todo apuntaba a que aquello ya no tenía vuelta atrás. Un día me escribió: «El embajador ignora la clase de personas con las que trata. ¡Que empiece por aprender a hablar su idioma y así identificará a las personas en las que debe confiar!».

Tres días más tarde, Skotinin recibió un mandato procedente de Moscú. Me imagino su amplia sonrisa y la emoción que debió de sentir al abrir el sobre.

El comité de investigación federal ordenaba el inicio del juicio.

XX

El juicio

En los años veinte, Aleksandr Griboyédov escribe una comedia en verso que titula *La desgracia de ser inteligente.* La memoria colectiva conserva una frase de cuatro palabras que nunca pierde validez. Frente a las cárceles que se llenan y frente a la siempre unánime injusticia, se plantea una sola pregunta de cuatro palabras: «¿Quiénes son los jueces?».

Un minuto…

Dos…

Tres…

Cuatro…

Sonó el teléfono conectado al brazalete electrónico.

—¿Diga?

—¿Yoann?

—¡Hola, Sofía!

—¿Estás en tu casa?

—Ya sabes que sí.

—¿Has tocado el brazalete electrónico?

—No... ¿Hay algún problema?

—Ha sonado la alarma. Ya no apareces en la pantalla. ¿Tienes el brazalete en el tobillo?

—Sí, claro.

—Vamos para allá, no te muevas.

Había recubierto el brazalete electrónico con papel de aluminio. Esta técnica permitía bloquear cualquier señal, como si me hubiese arrancado el dispositivo. Pasaron cuatro minutos antes de que me llamaran. Los vigilantes llegaron al edificio al cabo de ocho minutos. Increíble. Así me di cuenta de que tenían la oficina a pocos metros de mi casa. Me sentí decepcionado. Su rapidez complicaría mi huida. Retiré el aluminio y abrí la puerta. «Qué raro» —dijo Sofía, examinándome el tobillo mientras comprobaba el dispositivo de control y después me miró a los ojos—. El brazalete parece conectado». Se dio una vuelta por el apartamento, sabía que había gato encerrado. Iliá sacó sus bártulos y dijo: «Voy a reemplazarlo, tal vez la batería no funcione bien. Este nuevo equipo es una mierda, hay que informar al respecto». Yo permanecí impasible.

Esperé un mes antes de volver a poner a prueba el brazalete con el papel de aluminio. Elegí un día festivo: el Día de la Mujer.

El 8 de marzo, como cada año, los hombres iban a las floristerías. Esposas, amantes, hijas, hermanas, abuelas, primas, compañeras y amigas: todas las mujeres recibirían su ramos de flores y yo observaba desde mi balcón cómo los hombres llevaban con alegría sus rosas, sus peonías y sus tulipanes. Durante más de una hora, el teléfono permaneció en silencio. Finalmente, Iliá llamó. Maldijo la puñetera batería del brazalete. Estaba solo para vigilarme ese día y no pudo acercarse para cambiarme el brazalete hasta la tarde. Habían pasado seis horas. Tenía margen suficiente para largarme sin ser detectado. Había encontrado el fallo que buscaba.

El juicio comenzó en junio. La desbandada diplomática indignó a mis defensores en Francia. Entre bastidores, el avergonzado embajador se reunió con mi padre y le confesó que lo habían engañado. Dejó de contestar al teléfono. Lo apartó de las discusiones que se reanudaron entre los dos ministros de Asuntos Exteriores. Me anunciaron que iban a condenarme. Si aceptaba el veredicto y renunciaba a todas las apelaciones y reconocía así mi culpabilidad, podrían transferirme a Francia en unos meses. La pena sería transcrita a las leyes francesas, y se haría lo posible por reducirla. Esa había sido la promesa del ministro. Según los cálculos de su gabinete, no pasaría más de dos años entre rejas; tal vez tres, en el peor de los casos. Recibiría ayuda, lo importante era salir de Rusia. Todo iría bien.

«La única certeza —me advirtió Alexandre— es que irás al campo de trabajos forzados». Pero mi miedo era otro. Me invadía una rabia incontrolable cada vez que pensaba en Diane yendo a visitar a su padre al apestoso parlatorio de una cárcel parisina. ¿Qué explicación le daría? ¿Le diría que me habían manipulado y que no podía hacer nada al respecto? ¿Tiraría la toalla sin luchar por mi honor? No tenía elección. Tendría que salir a la fuerza de un país en el que me retenían por la fuerza.

«¿Se declara inocente o culpable?» Había preparado una respuesta para cuando surgiera la pregunta aquel 22 de junio:

«Me declaro víctima. Soy víctima de una conspiración y ustedes lo saben. El crimen que desembocó en este juicio fue completamente inventado con la colaboración de las autoridades policiales. No pueden ignorarlo. En un país donde la justicia no fuera una simple palabra, podría haberme constituido como acusación particular, y los falsificadores y los policías que abusaron de un niño de cinco años, golpearon y amenazaron a un hombre e intimidaron a su esposa, esos sinvergüenzas, estarían sentados en el banquillo de los acusados ahora mismo. En un país donde la justicia no fuera una cruel farsa, mi hija de seis años no estaría representada por un funcionario que ni siquiera se ha tomado la molestia de conocerla. No se lo tomen como algo personal, señores jueces. Pertenecen a un sistema podrido ideado para destruir a hombres, mujeres y niños, un sistema al servicio de poderosos y mafiosos, un sistema que corroe Rusia desde dentro. Discúlpenme si no participo acatando las reglas del juego que me han impuesto. Estoy aquí para acusarlos, no para defenderme…».

Mi discurso tuvo el efecto esperado, de inmediato me gané la desaprobación de las tres juezas a las que me enfrentaba. La mayor se quedó tan estupefacta que no podía ni desviar los ojos. La más joven suspiró con hastío mientras se retorcía los rizos rubios con el dedo índice. La presidenta, que se sentaba entre ellas, puso mala cara y me interrumpió: «Responda simplemente a la pregunta: ¿se declara culpable o inocente?».

Vladímir quiso tomar la palabra. Yo se lo impedí y retomé mi discurso: «Mi hija Diane le ha contado a su madre hace poco que quería ser jueza. Le dijo: "¡Cuando sea jueza, seré yo la que decida, meteré a los polis malos en la cárcel y me escucharán!". Rindo homenaje a su joven vocación. Estoy aquí para acusar, no para defenderme».

Se dice que cuando el oprobio y la injusticia recaen sobre un hombre, este descubre quiénes son sus verdaderos amigos. Es cierto. También se dice que son muchos los que desaparecen y hay quienes incluso se aprovechan de la situación. Por suerte, en mi caso no hubo demasiados de estos últimos. En Irkutsk, Yuri fue el primero en apoyarme. Tan solo unas horas después de mi detención, se puso a buscar a los mejores abogados. El presidente de la Alianza Francesa tenía mucho que perder, no solo su empleo o su reputación, pero aun así no se amedrentó. Entró por la fuerza en el hospital psiquiátrico para venir a visitarme; después vino a mi casa y se burló de aquellos que trataron de intimidarlo o asustarlo. No se separó de mi lado. Con una sencillez enigmática, una mañana, cuando vino a traerme arándanos de su granja, Yuri me dijo: «Los diplomáticos no van a olvidarse con facilidad del caso Yoann B., créeme… ¡Menuda experiencia, habría que escribir un libro!».

Todo el mundo me pedía un libro.

Mis compañeros de celda lo habían exigido, igual que exigían justicia. Algunos querían aparecer en él, y otros lo concebían como una forma necesaria de contraataque. ¿Y por qué no un panfleto acusatorio? Los guardias y los investigadores hablaban del libro como si fuera un hecho consumado. «¿Para cuándo las memorias?», preguntaban Pierre Richard y, más tarde, Skotinin, con una mezcla de sarcasmo y preocupación. Tanto abogados como compañeros y amigos tenían siempre algún argumento para animarme a escribir. Más tarde, el embajador me invitaría a pensar en «una especie de libro que ayudara a tener una visión clara de Rusia». Después de que le contara las últimas novedades, un vicecónsul que estaba de visita se entusiasmó: «Por favor, tienes que escribir una novela, seré el primero en comprarla». Alexandre bromeaba: «Después de tu huida, el libro será una suerte de *Conde de Montecristo*».

Al principio, las crónicas locales me describían como la personificación de la depravación que había que exterminar. Era la imagen de la Europa decadente y sus abominaciones. Los comentarios de internet especificaban la tortura a la que habría que someterme. Tenía amigo y cada día había más gente que me defendía. Los medios de comunicación de la oposición intervinieron. Los ataques se hicieron cada vez menos frecuentes y, con el tiempo, casi inaudibles. Las manipulaciones eran toscas y, por lo tanto, fácilmente desmontables. Si embargo, cuando empezó el juicio, evolucionaron. Surgieron varias hipótesis que se entremezclaron para formar una historia disparatada según la cual yo era un agente del servicio de inteligencia francés que había sido castigado no solo por mis actos hostiles, sino también por mis aventuras, ya que era el amante de las mujeres de dos grandes personalidades y ahora sufría la ira de los indignados cornudos; había un artículo que incluso desvelaba sus identidades. Pensé que aquel montón de teorías descabelladas jugaba en mi favor. Una vez más, Alexandre me abrió los ojos: «La historia que han inventado no se sostiene, y lo saben, por eso están tratando de encontrar otra mientras la aprovechan para debilitar a diferentes objetivos. Siempre es igual, y cuanto más confuso parece todo, más culpable pareces tú. Ya no importa de qué. Están acumulando cada vez más documentación legal para construir una mentira que pronto nadie podrá desmontar. ¡Los ilusionistas se camuflan como pueden y se están preparando para la sentencia final!».

Se esperaba que el juicio durara varias semanas, así que no fue una sorpresa. Ya me conocía aquella obra dramática cruel. La justicia rusa afirma tener brillantes resultados, con una tasa de condena superior al 99 %, pero todo está bien redactado mucho antes de la emisión del veredicto. El fiscal de aspecto alegre se conformaba con las pocas y escuetas frases que exigía su profesión. Convocaron a Skotinin y a Pierre Richard.

Estos explicaron los pormenores de la investigación con una amplia sonrisa cincelada en el rostro. El juicio se celebraba a puerta cerrada, de modo que el ambiente era tranquilo. Sucedió, sin embargo, que la presidenta se enervó después de una de mis protestas declamadas; pero fue un simple inconveniente pasajero. La alegre comitiva conseguía su objetivo. La bestia ya estaba agotada y se preparaban para asestar el golpe final. Se produjo un desfile de testigos. Ni uno solo me acusaba, pero el espectáculo continuaba gracias a la procesión de expertos: psicólogos, psiquiatras, pediatras, expertos en informática, expertos en redes telefónicas, expertos en internet e incluso expertos en historia del arte. Una joven estúpida subió al estrado para exponer un minucioso análisis de las imágenes. Comenzó a divagar sobre los hombres de la Edad Media y su moral inferior que, según ella, autorizaba la representación de menores desnudos. Experimenté cierto placer cuando desacredité a la experta poniendo en ridículo aquel argumento estúpido. Por supuesto, allí yo no era más que el bufón de la corte y a nadie le interesaba mi opinión. Me defendía, los ridiculizaba y contratacaba sin ningún resultado.

Margot compareció por videoconferencia y declaró de nuevo en contra de la investigación con argumentos afilados y cortantes. El siguiente testigo fue su madre; aquello era una broma desternillante. ¡Señoras y señores, no se pierdan la gran intervención de la suegra! El fiscal temblaba de impaciencia. Aquella sala parecía un horno, todo el mundo comenzó a sudar cuando apareció en la pantalla la cara abotargada de aquella hiena. Sacó un bloc de notas y leyó con su voz nasal y aguda. Tenía el puño derecho cerrado y lo agitaba en el aire con energía, lo que le confería el aspecto de un cruel verdugo que pedía a gritos mi decapitación. Enumeró a modo de introducción una serie de hechos cronológicos, empezando por el tema de los pañales. Habló en calidad de médico que nunca había ejercido pero que poseía sólidas competencias clínicas, lo que le permitía afirmar que un padre que se molestara en cambiar el pañal a su hija reflejaba un claro trastorno. Insistía en que sabía reconocer la perversión y la había detectado en el acusado, no solo por el tema de los pañales, sino por muchos más sucesos inquietantes e irrefutables. Muy respetuosamente, se ofreció a detallarlos. La presentación duró más de dos horas. Las juezas parecían incluso más abrumadas que yo. Inna, que trabajaba en la Alianza Francesa, también se presentó con entereza para exponer su declaración. Estaba claro que quería sacar provecho de la situación, pero también quería vengarse de quién sabe qué; poseía la mirada desalmada de quienes disfrutan con la desgracia ajena. Aquella víbora pelirroja se ganó a los jueces y al fiscal desde el primer momento. Habló de la moral, de la suya propia, y de la protección de las niñas pequeñas, y especialmente de ciertos rumores de los que quería hacerse eco. Me hervía la sangre. El representante del servicio de protección de menores tomó la palabra en nombre de Diane. Contuve la ira. No debía mostrarme débil ante el enemigo. Entonces, una profunda melancolía se adueñó de mi ser y, por un momento, se hizo perceptible en la sala de audiencias.

Mi fortaleza interior se desmoronaba con cada declaración. En el guion de aquel eterno teatro, se me reprochaban «actos de carácter antisocial cuya finalidad era la oposición a la sociedad y el desprecio a las normas morales universalmente aceptadas», que me supondrían entre diez y quince años en un campo de trabajo. El verdadero motivo de mi preocupación era otro. Una hiena o una víbora tenían el poder de afectarme durante unos días. Pensé que debería haber reaccionado de otra manera, ya que el inagotable interrogatorio estaba todavía por llegar. Me dejaba subyugar, y me sentía avergonzado por ello, pero me avergoncé aún más cuando me di cuenta de que mi inmersión en aquel abismo se limitaba a un estado de abatimiento infantil: ¿por qué no podían quererme todos y, en especial, todas?

Dejé de lado mi desconcierto pueril para reconstruir mi fortaleza. No estaba solo. Tenía de mi parte a un puñado de luchadores que declararían en mi favor. También eran muchos los que guardaban silencio por miedo, pero cuando las juezas quisieron hacer inventario de mis vicios, el coro de mis amigos resurgió. Desde la tierra de los cosacos, las tres hermanas habían buscado refuerzos y saturaron al tribunal con cartas de apoyo. Una tarde, Marta entró en la sala de audiencias. Había sido convocada y acudió desde Moscú para plantarles cara. Las juezas trataron de intimidarla en vano. Sí, habíamos sido amantes, no tenía intención de ocultarlo ni de pedir disculpas. No quiso entrar en detalles, solo contó que yo era un amante delicado y un padre atento, que podía dar testimonio de ello, y sí, ella era la que aparecía en la foto, semidesnuda y radiante junto a Margot, una foto sencilla y hermosa, ¿no les parecía? Nadie era víctima de mi juego sucio y, al final, todo saldría a la luz, concluyó Marta. Miró con desprecio al fiscal. Antes de marcharse, me dedicó una mirada orgullosa con aquellos ojos que tenía, de pronto indecisos, melancólicos y siempre ávidos. Su sonrisa eclipsó todas las demás. Entonces, oí cuatro manos que tocaban un piano: Mozart, por supuesto.

Me había ganado la confianza de mis dos guardianes. Hacía un año ya que nos conocíamos. Estaban al tanto de las novedades del juicio, especialmente Iliá, que me escoltaba a cada audiencia. Este deseaba de verdad que me absolvieran. Habíamos forjado aquel extraño vínculo que surge en ocasiones entre el preso y su carcelero, una intimidad que podríamos llamar afecto o incluso amistad. Me hablaban de su día a día, su cansancio y sus fines de semana. Yo les preguntaba por su familia. La vigilancia se relajó. Me pasaba todos los domingos paseando; había llegado a un acuerdo tácito con Iliá según el cual ese día solo me controlaría a través de la pantalla. Sin embargo, no abusaba de este margen de libertad que me concedía: nunca me retrasaba y siempre lo avisaba de mis movimientos. Era el cautivo ideal, su futuro compañero de caza y el modesto conductor del BMW M4 Coupé. Cuando un día decidí volver a probar el truco del papel de aluminio el resultado fue inesperado: no hubo reacción alguna. Y el domingo siguiente ocurrió lo mismo.

En Francia, mis defensores decidieron romper su silencio. Aunque sus actos serían en vano, ya que mi sentencia iba a ser ejemplar. Lo sabían, pero de todas formas no me abandonarían. El Muelle de Orsay consiguió reducir el ruido mediático sin obstaculizarlo. Al igual que los diplomáticos, los periodistas no querían ni podían entenderlo. No había ni tiempo ni medios suficientes. ¿Qué sentido tenía? Nadie quería llevar a cabo una investigación. Se trataba de un asunto demasiado turbio y lejano; preferían algo más jugoso y accesible. Organizaron una fiesta. Mis amigos se juntaron, reunieron a las tropas y formaron algunos nuevos batallones. Mi camarada Caelebs estaba presente, con Julia, que se había pasado días tratando de conseguir y, luego, traducir la delirante sintaxis de la acusación. Thierry y Éric estaban al mando de la maniobra política. También participaba mi familia: mi hermano, Bérénice, Julien, Solwenn, Olivier y los demás. Philippe leyó un texto: «Tiempo atrás, en la Unión Soviética, cuando se quería encerrar a alguien, se alegaba que estaba loco. Hoy en día, los llaman pedófilos. Esto basta para desanimar a todos aquellos que acudirían en su ayuda. Pero no nos dejaremos engañar por tal retórica». Mis amigos expusieron públicamente los engranajes de la maquinaria conspirativa. La teoría de «no hay humo sin fuego» fue descartada por completo y el juicio se revelaba como lo que en realidad era: una gran farsa. Mis asombrosos defensores me daban fuerzas.

Ya estaba harto. Hacía más de un año que vivía con un brazalete electrónico alrededor del tobillo. Tenía que huir. Había llegado la hora.

Aquellos dos últimos meses había trazado dos planes diferentes. El primero consistía en traspasar la frontera más próxima con Mongolia. Tendría que cruzar las montañas con un guía que me indicara el camino. Había estudiado los mapas y estaba en forma. En menos de cuarenta y ocho horas, llegaría al otro lado. El segundo plan era, al parecer, más peligroso, más ingenioso, y, probablemente, más sólido: tendría que atravesar Siberia y camuflarme con el paisaje. Mis perseguidores no empezarían a buscarme por el oeste. Debería evitar las zonas de control para llegar a Moscú por carretera y tardaría entre cinco y diez días. Desde allí, me prepararía para cruzar la frontera occidental. Solo tres personas conocían mis planes de fuga: Alexandre; su cómplice, que me guiaría durante las primeras horas, y mi hermana Bérénice, a quien informaría de mi rumbo en cuanto emprendiera la huida.

Para algunas misiones, los agentes de los servicios de inteligencia actúan de incógnito. Viven durante meses e incluso años con una identidad falsa estudiada hasta el mínimo detalle. Ir de incógnito es una estrategia muy frágil, ya que para que funcione hay que seguir rigurosamente una serie de reglas. Había leído todo cuanto había encontrado sobre el tema. Estaba todo lo preparado que podía estar. Conocía el terreno y los pasos que debía seguir. Elaboré una hoja de ruta que detallaba mi recorrido minuto a minuto. El plan me motivaba, así que puse todo mi empeño.

Alexandre se jugó el cuello por mí. Sin él, mi huida habría sido mucho más difícil. Así que, por supuesto, cuando tengo que describir a mi camarada, no soy fiel a la realidad. Lo disfrazo de sabio anciano siberiano y le modifico los rasgos. Le cambio la voz, la edad y, tal vez, incluso el sexo. Alexandre tiene múltiples caras. Yo le pongo una máscara que ya no puede quitarse. Su fusión con la piel es perfecta. Este disfraz lo divierte tanto como la sensación que tiene al pasarse los dedos por el cráneo y ver que lo he dejado calvo. No atraparán a Alexandre, señores, ¡ni en broma! Ahora es un señor de la taiga. Viste un elegante traje recto de dos botones; este será nuestro último encuentro. Estamos sentados en un banco aislado, junto a la plaza de los Decembristas. Será la última vez que nos veamos. Le habría gustado conseguirme unos papeles falsos, pero el riesgo de ser descubiertos era demasiado alto. Me da una fotocopia de un pasaporte suizo con mi foto hábilmente insertada. No es una obra maestra, pero es mejor que nada. Desde ese momento, me convierto en un ciudadano de Ginebra. Me llamo Landov.

Se levanta y se alisa la chaqueta con las manos. Cruza la calle. No se da la vuelta.

XXI

La entrada al mundo

Un texto sobre el mundo del crimen reza:

> La atención de los guardias es siempre menor que la del prisionero, ya lo dijo Stendhal en su libro L*a cartuja de Parma:* «El preso piensa más a menudo en escaparse que el carcelero en cerrarle las puertas».

Hay desconocidos que se comunican a través de la literatura. Varlam Shalámov necesitaba de una manera extraña a sus colegas Proust y Stendhal, y yo necesito a Shalámov, que fue quien me habló de Stendhal.

Kilómetro 0. Una mañana de septiembre. Domingo. El otoño ya ha llegado. Landov no ha pegado ojo. Tiene la mochila preparada. Está dispuesto a enfrentarse al mundo. Son las siete.

Enciende la radio de su teléfono y oye la voz de Adèle: «¡Buenos días a todas y a todos! ¿Os gustan las historias? Hay historias para dormir e historias con las que no podrás pegar ojo... El libro del que hablaremos hoy es una novela de aventuras, pero *aventura* en el sentido más fuerte de la palabra, en el sentido filosófico que Jankélévitch le otorgó: "La aventura es el espectro del futuro, para bien o para mal". ¡Que empiece la fiesta!».

Landov está en tensión, sus movimientos son meticulosos. Toma un rollo de papel de plata. Se inclina sobre el brazalete electrónico que le rodea el tobillo izquierdo. Lo recubre de aluminio con esmero. Se sienta. Espera cuatro minutos. Se levanta y echa un vistazo a la lista de instrucciones. No piensa; se limita a realizar metódicamente los pasos indicados en el papel. No hay nadie fuera. Corre las cortinas y enciende la luz. Agarra la mochila. Se mete en el bolsillo un barquito de papel azul. Se dirige hacia las escaleras.

En el apartamento vacío, sobre la mesa del salón, hay una carta de dos páginas. Va dirigida a las autoridades judiciales y al ministro de Asuntos Exteriores de la Federación Rusa. Está cargada de ingenio y de un poco de descaro. La última frase dice así: «Nos hallamos ante un escenario de sobra conocido en el que ustedes se verán en la obligación de capturarme y yo en la de no ser capturado». Hay un GPS olvidado en el fondo de la habitación. Dentro de unas horas, uno de los investigadores lo cogerá y lo encenderá para descubrir un itinerario grabado con destino a la frontera de Mongolia. Su mirada se posará entonces en Munku Sardik, el «Eterno Desnudo», la montaña más alta de los montes Sayanes, de 3491 metros de altura, y leerá el nombre de un pueblo junto al lago Ubsugul.

El amplio cielo está algo nublado. Landov se dirige hacia la estación de autobuses. El aire de la mañana es revitalizante. Se cerciora de que nadie lo sigue. Se sube a un minibús con destino a la zona más oriental de los montes Sayanes. Son las siete y veinticuatro. Compra el billete y se sienta entre los demás pasajeros. Esconde el teléfono debajo de un asiento y sale del minibús unos minutos antes de la hora de salida alegando una urgencia. El teléfono se va sin él. Pronto, la policía rastreará el señuelo.

Landov compra tabaco, se fuma un cigarrillo y se sube a un taxi. Piensa en las montañas que no verá. Un conductor poco hablador lo deja en una callejuela desierta, a unos metros de la estatua del general Kolchak. Son las siete y cincuenta y siete. El encuentro está acordado para las ocho. Un perro aúlla. A las ocho y nueve minutos, la espera se le hace insoportable. Landov se maldice y maldice a Alexandre por haberlo traicionado. Ve pasar a un gato que no es Beguemot, portador de mala suerte. Oye unas sirenas a lo lejos, ¿tendría que marcharse? «¡Soy un ingenuo! —se dice Landov—. ¡Maldito traidor! ¡Mierda! ¡Será cabrón!». Un agente de policía se aproxima y se aleja sin prestarle atención. «Acabemos con esto». A las ocho y once minutos, una furgoneta blanca se detiene junto a él. Comprueba la matrícula. El mundo vuelve a parecerle un lugar amable. Unos grandes ojos azules se vuelven hacia él.

—¿Landov?

—Hola, Ksenia.

—Sube.

Es rubia y lleva las trenzas ocultas bajo la gorra. Viste un mono de obra. Es la primera vez que se ven. No hablarán demasiado. Todo ha sido estudiado hasta el mínimo detalle; cada uno sabe cuál es su papel. En la cabeza del fugitivo resuena una voz: «Debería darte vergüenza dudar de esa manera de Alexandre».

Kilómetro 79. La furgoneta se detiene en un camino flanqueado por alerces. Ksenia extiende una manta de aluminio y Landov se desliza debajo. Desde ahí puede quitarse el brazalete sin arriesgarse a emitir señal alguna. Sabe que esta precaución resulta inútil, pero la medida tranquiliza a su cómplice. Ksenia es salvaje y meticulosa. Él es calmado y de mente fría. Parece que se conozcan de toda la vida, se compenetran a la perfección. Los alicates cortan la pieza de metal y plástico. Landov queda libre y se acaricia el tobillo. Pasará el resto del día en la parte trasera de la furgoneta, escondido dentro de una caja, cubierto de arena, de sacos de yeso y de herramientas. La furgoneta arranca de nuevo y él se queda dormido.

Hace calor. Ksenia está sudando y las manos se le pegan al volante agrietado. Las primeras horas son decisivas. Si se da la voz de alarma, les cerrarán el paso. Salir de la ciudad ha sido fácil, pero sus perseguidores tienen poder en toda la región, y todavía quedan al menos setecientos kilómetros para abandonarla. Solo hay una carretera que vaya en esa dirección; recorre la taiga en una gran línea recta. Hasta aquí, hay vía libre. No se ha dado la voz de alarma. Ksenia levanta la vista al cielo y comprueba que tampoco lo surque ningún helicóptero. Esos inútiles no buscarán por el oeste, se repite a sí misma, como un mantra. La única amenaza posible sería un control policial inesperado con agentes curiosos que quieran rebuscar entre la arena. No era demasiado probable. Y menos un domingo. Entregaría el paquete en Krasnoyarsk, en unas quince horas, a mil kilómetros de allí. Una vez allí, ella dormiría un poco, antes de marcharse de madrugada, de tal manera que estuviese de vuelta en casa por la noche para volver el martes a la oficina, como de costumbre. Su teléfono pasaría el fin de semana con Alexandre, de paseo. El martes por la noche, cenaría con sus padres y con Piotr y hablarían de la boda. Estaría un poco cansada, pero también satisfecha del trabajo bien hecho. Nadie sabría nada sobre su pequeña escapada. A los cabrones que acechan en las sombras, solo se les puede combatir desde las sombras. Ksenia hace todo esto por justicia, por Alexander, su mentor, y porque cree que la vida es una aventura, una maravilla imperfecta.

Aunque apenas haya alterado su descripción, nadie la encontrará jamás. Es inútil, caballeros, no intenten buscarla. Yo no la conocía e, igual que ocurre con Alexander, no sé si volveré a verla alguna vez. Los años pasarán. Seguiremos unidos por este secreto y por estas palabras. Ellos las leerán, por eso les dedico estas líneas.

Normalmente, usan la furgoneta para ir de caza con los perros, de modo que está impregnada, igual que le ocurrirá a Landov, de un penetrante olor animal que le escala por las piernas, le sube por el pecho y le llega hasta la cara. Gruesas gotas de sudor le ruedan por la piel bajo la arena que constituye su madriguera, mientras devora unas barritas de cereales y bebe un poco de agua. De vez en cuando, se toca el tobillo. Nota la presencia fantasmal del brazalete electrónico, como si de un miembro amputado se tratara. Un agujero de la carrocería le permite divisar fragmentos de paisaje. El otoño está despuntando. Ksenia conduce la furgoneta y adelanta un camión tras otro a través de la vasta llanura de la libertad. Ante sus ojos desfilan los abedules, las gasolineras y los restaurantes de carretera. Cruzan las vías del transiberiano. El tiempo es perfecto: está lloviendo. Ksenia está satisfecha, ya que, gracias a ello, el motor se enfría. Se encuentran con largos tramos de la carretera en obras, de modo que hay que reducir la velocidad. Maldice por lo bajo.

Kilómetro 755. Son las siete de la tarde. La furgoneta se detiene. Ya han dejado atrás la región de Irkutsk, por lo que Landov puede salir de su madriguera. Se levanta con el cuerpo engarrotado, se tambalea y se sienta. Entran en un restaurante casi desierto. El suelo del comedor parece un gran tablero de ajedrez. El murmullo de un televisor rompe el silencio. Los dos fugitivos engullen unos creps y beben un té negro. Tienen caras de cansancio. Ella bosteza, él sonríe. Se entienden sin necesidad de palabras; les gusta ese mundo. La furgoneta arranca de nuevo para perderse en la oscuridad.

El final del trayecto es ameno; está lloviendo. Landov se ha sentado delante, donde el calor es agradable. Ksenia pone música. Las baladas de Bulat Okudzhava arropan a los dos viajeros:

«Mientras la tierra siga girando y el sol siga saliendo, oh, Señor, entrega a cada hombre aquello que no tiene: dale una cabeza al sabio, un caballo al cobarde, dinero al bienaventurado... Y no te olvides de mi parte».

Dedicaron la última hora de trayecto a la discografía completa del grupo Aquarium y, como suele pasar en los viajes largos, apareció una canción que expresaba exactamente lo que sentían, tanto en el alma como en la mente:

«¡Oh, glorioso mar! ¡Oh, sagrado Baikal!».

Escucharon los *Pensamientos de un fugitivo del Baikal.* Boris Grebenshchikov canta en solitario y sin artificio, con la tranquila honradez de los valientes. Sin los habituales coros, con bases profundas y la sensación de que se lleva todo por delante:

Durante mucho tiempo arrastré pesadas cadenas,
vagué por Akatui y sus barrancos,
un camarada me apoyó en mi huida,
saboreé la libertad y volví a la vida.

Las miradas de los fugitivos se cruzan y ambos rompen a reír.

Kilómetro 1063. Es casi la una de la madrugada y se encuentran en Krasnoyarsk, la tercera ciudad más grande de Siberia. 1 066 934 habitantes. 12 °C. Corre una ligera brisa y se respira un ambiente fresco y agradable.

Ksenia pregunta en una tienda que está abierta por la noche, y después en un par de bares. Landov se limita a asentir con la cabeza, o a articular un hola o un agradecimiento; por el momento, no debe dejar rastro ni dejarse traicionar por el acento. Ksenia encuentra al arrendador que estaba buscando, uno que no se preocupa demasiado por la documentación. Escribe en una hoja de papel los datos de un pasaporte ruso que ella le entrega. Obviamente, ese pasaporte no es suyo; lo ha robado. La foto ni siquiera se le parece. Al hombre no parece importarle, le da las llaves y se vuelve a la cama. Los dos cómplices se desploman sobre el sofá cama.

A las siete de la mañana, Ksenia se levanta para volver a la carretera. Landov abre los ojos con dificultad. Ella le confiesa que nunca ha sentido tanta angustia como en las primeras horas del viaje. Él la abraza y le murmura unas palabras de agradecimiento. Ella no lo olvidará nunca. Él la recordará siempre. Observa cómo las trenzas desaparecen por las escaleras.

El refugio se encuentra en el noveno piso de un edificio de veinte plantas del barrio más poblado de la ciudad. Solo hay edificios y más edificios. Las entradas están protegidas, Landov las ve desde la ventana. Nadie lo buscará aquí. A menos de un kilómetro, encuentra un enorme centro comercial con cincuenta y una tiendas de ropa, veintidós zapaterías y trece cadenas de perfumerías y cosméticos. También hay treinta y un restaurantes de comida rápida de hamburguesas, de sushi insípido y de pizzas de baja calidad. El sitio es perfecto para camuflarse entre la multitud. También hay wifi. Una vaga melodía que se repite a cada hora inunda las galerías.

Landov permanece cuatro horas encerrado en el apartamento. Tiene provisiones para seguir con el plan, que consiste en no moverse demasiado y observar. En la planta de arriba se oye a una mujer exasperada que le grita a su hija. Una noche, alguien llama a la puerta y el fugitivo se estremece. Agarra un cuchillo. Un panfleto publicitario se desliza por debajo de la puerta y oye cómo los pasos del repartidor se alejan hasta la puerta siguiente. El quinto día, Landov abandona su guarida para ir al centro comercial. Se conecta a internet y lee artículos sobre su desaparición. Se ha emitido una orden de búsqueda y captura. No le sorprende, pero, por un momento, el corazón se le acelera. Según lo acordado, deja un mensaje en un portal protegido. Alexandre le responde; parece preocupado y atemorizado por primera vez: el equipo que debía llegar de Moscú prefiere esperar a que el asunto caiga en el olvido. Landov dormirá poco esa noche. De madrugada, toma una decisión: el camino será más seguro si lo recorre solo. Debe ponerse en marcha antes de que lo descubran. Se hace con un teléfono nuevo, dos tarjetas SIM anónimas y un buen depósito de rublos y euros. Le quedan poco más de cuatro mil kilómetros. Parece viable. Se abre una cuenta en un portal de coches compartidos y otra en una plataforma de alquiler de alojamientos. BlaBlaCar y Airbnb proveen identidades a medida, con las que podrá alimentar la coartada del turista suizo para mimetizarse así con el paisaje y esquivar a la policía. Un teléfono bien utilizado puede ser una buena forma de pasar desapercibido. El fugitivo está listo. Peor todavía: se muere por llevar a cabo su terrorífico plan.

Echa un último vistazo a Rusia. Es como un bofetón. Como una oleada de alegría y de dolor asfixiante. Es capaz de hacerle perder el rumbo, de adiestrarlo y de cautivarlo como si fuera la primera vez, piensa Landov. Decide cambiar de imagen; una peluquera le tiñe el pelo y parece otro. Le sopla en la frente para quitarle los restos de pelo cortado, él se estremece; esta mujer es una artista. Le envía a la nuca un aire templado y perfumado y él se abandona a esa agradable brisa con aromas de café y chocolate. Todo irá bien. Al día siguiente, sube al coche compartido hacia Novosibirsk junto a un director comercial que habla absolutamente de todo menos de su trabajo. A lo largo del viaje, hablan de la belleza de las montañas suizas, de los paisajes siberianos, de las sobrecogedoras rocas de Stolby, de Ginebra y de esquiar. También charlan sobre el vino tinto y sobre la dificultad de ser padre cuando uno está separado; comparten su experiencia, confraternizan y reconocen que Gógol tenía razón con su teoría de los dos problemas de Rusia: los imbéciles y las carreteras. Prometen mantener el contacto, ya que están a punto de llegar y están emocionados por esas doce horas de amistad. ¡Adiós y buena suerte!

Qué gran invento el de los coches compartidos.

Kilómetro 1850. Son las siete y media de la tarde, ya han llegado a Novosibirsk. Es la tercera ciudad más grande de Rusia y la más importante al este de los montes Urales. 1 584 138 habitantes. 19 °C. Hace buen tiempo y el sol se está poniendo, por lo que la luz es tenue.

El director comercial se marcha hacia su hotel. Landov simula dirigirse al suyo. Ha pasado el día trabajando. De cara a su conductor, ha fingido estar emocionado por visitar la capital del distrito federal siberiano, pero, en realidad, ha estado organizando el resto del viaje con la ayuda del teléfono. Ha preparado su huida mientras intentaba que su identidad falsa no se desmontara. Está preocupado, no sabe adónde ir, aún espera una respuesta. El teléfono se ilumina. Un BMW X4 negro metalizado. Dirección: Omsk. Debe acudir a la plaza Lenin a medianoche. Ya está allí, pero todavía quedan cuatro horas para el encuentro. Landov se dirige hacia un bar que conoce de su vida anterior. Se sienta en la barra, se recompone y acaba de perfilar los últimos detalles de las siguientes etapas del viaje. Comprueba los husos horarios y hace cálculos. Sobre las diez, el bar se anima. A las diez y diez, el cabecilla de un grupo de juerguistas disfrazados lo invita a una cerveza. A las diez y catorce acaba de planificar su viaje e invita al grupo a una botella de vodka. Antes de las once ya están bailando en la pista y encima de las mesas entre risas y cristales rotos. A las doce menos veinticinco, Landov abraza a una prostituta de piel lechosa, esta lo besa y entonces él suelta: «¡Qué maravilla! ¡Salud!». A las doce menos cinco, anuncia su partida y promete volver, se disculpa mientras se acerca a la salida, dice que solo va a buscar a un amigo que está fuera. Ella le grita que parece Cenicienta intentando huir antes de medianoche.

Landov se acerca al BMW X4 negro metalizado. El nuevo conductor fuma junto al coche brillante; tiene cara de pocos amigos. Una gran cicatriz se la atraviesa de lado a lado. Tiene treinta y un años. En la parte delantera va su madre, que lleva el pelo teñido de un rojo fuego nada sutil. Grita al hijo cada dos horas, sin falta, y cada vez se inventa un motivo distinto. Landov se sienta en la parte trasera, junto a una nerviosa joven de pelo verde y largas uñas pintadas de rosa. Cabecea durante un rato y, finalmente, se queda dormido. Sueña que es un pez y que nada para escapar de unas focas que lo quieren atrapar. Para conseguirlo, debe adentrarse en las tenebrosas profundidades del mar. En mitad de la noche lo despierta una voz cavernosa. Se sobresalta, tiene el cerebro demasiado aturdido como para pensar. La policía está comprobando los papeles del vehículo y los del conductor. Una linterna apunta al asiento trasero. Antes de que el pez Landov tenga tiempo de preocuparse o de entender qué ocurre, el coche arranca de nuevo. Ya puede volver sumergirse en las profundidades.

Kilómetro 2480. Omsk. 1 178 100 habitantes. Es la segunda ciudad más grande al este de los montes Urales. Son las nueve y media de la mañana. 15 °C. Una especie de niebla impide ver con claridad la luz del sol; tal vez se trate de la contaminación.

La chica de las uñas rosas paga el importe del viaje y se baja del coche sin mediar palabra. El conductor le explica a Landov que van a revender el BMW en Ekaterimburgo, por lo que el hombre de la cicatriz tendrá que conducir todavía mil kilómetros más. Hace el trayecto hasta los montes Urales a menudo, así que ya está acostumbrado a conducir veinte o incluso treinta horas. Con algunas paradas y unos cuantos cafés, se hace soportable. Se paga bien, entre mil y tres mil euros por coche. Landov aprovecha la oportunidad para pedirles que lo lleven hasta Ekaterimburgo. Madre e hijo apenas se sorprenden. Recogen a un nuevo pasajero: un militar que está de permiso. Será un día duro. Aquel hombre le hace un millón de preguntas, como si quisiera poner a prueba su identidad falsa.

—¿Cuántos habitantes tiene Ginebra?

—Doscientos mil, más o menos.

—Exacto, eso dice la Wikipedia. ¿Y tienes alguna foto de tu hija? ¡Enséñamela!

—No, no la tengo aquí.

—¿En serio? ¿No me la quieres enseñar? ¿Por qué?

—¡Qué dices! Es que me robaron el móvil ayer. Te descuidas un momento y… ¡Vaya mierda! Lo he perdido todo, me acabo de comprar uno nuevo.

—¡Joder, vaya putada! Menudo país…

—…

—¡Enséñame tu Facebook, entonces! ¿Cómo te llamas? Te voy a agregar como amigo.

—No tengo Facebook.

—¡¿Cómo?!

—…

—¿Y tienes Instagram?

—¡Mi vida privada es privada!

—¿Y cómo hablas con tus amigos?

—En persona.

—Bah…

—Uso WhatsApp o Telegram.

—¡Yo también!

—Genial, dame tu número.

—¡Vale! Pero eres raro, suizo, ¿qué haces por aquí?

El hombre de la cicatriz interviene: «¡¿Quieres dejarlo en paz, pesado?! Es uno de los nuestros. Un romántico de las estepas que sigue su camino». Todos se ríen.

«Esos árabes que se cuelan en Europa, menuda tragedia, ¿tomáis algún tipo de medida en Ginebra?» pregunta la madre. Tercia el hijo: «¿Es verdad que allí se pueden casar los maricones?». El militar: «Me parece un grave problema que los maricas puedan besarse por la calle, ¡delante de los niños!». La madre: «Bueno, siempre podemos arrestarlos, meterlos en la cárcel o castigarlos, por su propio bien y por el de los demás. Lo peor son los inmigrantes... Por suerte, aquí hemos conseguido mantener un poco la pureza». El soldado se ríe, divertido, y dice: «Negros, moros y maricones, ¡tendrían que casarse entre ellos! ¡Esa sería una buena solución!». La madre se enfada. «¡No tiene gracia! ¿Has visto cómo esos gorilas atacan a las rubias en Alemania? Pandilla de violadores, ¡son una plaga! ¿Y se supone que las europeas tienen que dejarse manosear? ¡¿Y dejarse preñar por esos primates?! ¡Santo Dios! No creas que todos los animales migratorios son capaces de adaptarse a la civilización...».

Al pedirle la opinión a Landov, este prefiere no contestar. «Llevas barba, así que no eres marica. Entonces, ¿por qué los defiendes?» le recrimina el militar. La madre ataca también: «¿Y te da igual que los inmigrantes entren en tu casa y te quiten el pan, la mujer y el trabajo?». El debate se torna cada vez más intenso. El asunto finalmente concluye con una discusión sobre la existencia de una raza de reptiles que controla el mundo. El de la cicatriz insulta a su madre, le dice que es una idiota y que se lo cree todo. Ella insiste y afirma haber visto vídeos que lo demuestran; dice que muchos presidentes son grandes lagartos que se hacen pasar por humanos. El militar considera que es una hipótesis que debe ser sopesada. Landov asiente.

Kilómetro 3434. Ekaterimburgo. 1 444 439 habitantes. Cuarta ciudad más grande de Rusia. Son las ocho y media de la tarde. 19 °C. El suelo parece cálido gracias al buen tiempo y corre una brisa reconfortante.

Los pasajeros del BMW se han pasado la última hora del trayecto riendo. Se abrazan y se desean lo mejor. El militar quiere invitar al suizo a tomar algo, pero este consigue rehuirlo. Landov se dirige apresuradamente al apartamento que ha reservado por internet. Por fin puede respirar tranquilo. La propietaria le recomienda un restaurante llamado Fratelli, el mejor italiano de la ciudad.

El turista se acomoda en una mesa redonda del número 62 de la calle Sacco y Vanzetti. Un cuarteto toca una molesta melodía de ascensor. Landov moja pan en un exquisito e intenso aceite de oliva con aroma a madera y un sorprendente toque avainillado. La camarera le trae una botella de Montevertine bastante ligero, «como la camarera», piensa el suizo, con un aroma a violetas, tierra húmeda, tabaco y hierba recién cortada. La *burrata* a la trufa y el sabor aterciopelado de los espárragos verdes lo ayudan a relajarse, para derretirse más tarde con el clásico *risotto* de boletus, plato obligado antes del delicioso cosquilleo del postre de limón. «No deberías haberte emborrachado», se dijo Landov, que decide volver caminando. Contempla una iglesia de una blancura extrema y sus campanas doradas le recuerdan al licor de *grappa invecchiata* que acaba de ingerir. Observa un letrero que reza: «Iglesia construida en honor a la sangre derramada por todos los santos de la Santa Rusia». A principios del siglo XX, aquello era una gran vivienda. Fue allí, en el sótano, donde los bolcheviques fusilaron al último zar, Nicolás II, junto a su mujer, sus hijos y sus criados el 17 de julio de 1918.

Kilómetro 4419. Kazán. 1 231 878 habitantes. Es la capital de la República de Tartaristán. Son las once de la noche. La ciudad está empapada y el cielo, oscuro.

La iglesia del zar queda lejos ya. Landov acaba de recorrer otros mil kilómetros en el cochecito de una pareja de médicos. Durante el viaje, la mujer les ha ofrecido pepinillos, fruta y chocolate, les ha recitado algunos poemas, ha cantado e incluso ha bailoteado al son de algunos temas de su juventud. Su marido comentaba cada estrofa con entusiasmo. Landov estaba encantado, e incluso ha grabado algunas escenas al grito de «¡Vivan los montes Urales!» cuando estos aparecieron frente a ellos. También ha charlado con el otro pasajero, un expresidiario cubierto de tatuajes que, según él, habían sido fruto de la inconsciencia de la juventud. Azat era amable y se dedicaba a la crianza de perros. A las cinco de la mañana, otro conductor recogerá a Landov para llevarlo hasta Moscú. Mientras tanto, se sienta con el expresidiario de barba larga en una cafetería para fumarse una cachimba y tomar una infusión de hierbas y arándanos. Están solos. En unos minutos, la situación se vuelve hostil. Un hombre entra al establecimiento junto a una mujer imposible de ignorar. Todos los hombres de mente sucia la observan y ella saca pecho y se contonea; su vestido rojo hace el resto. El hombrecillo que la acompaña lleva una sudadera a juego, con tres líneas blancas en los hombros. Sus gestos bruscos, su tono de voz y su actitud pendenciera parecen consecuencia de una borrachera simple y molesta. Azat lo mira con desprecio y levanta la voz para decirle que pensaba que se trataba de un lugar tranquilo y de clientela educada. El desgraciado aprovecha la oportunidad.

—¿Algún problema?

—Sí, intento relajarme con mi amigo y nos estás molestando. Ese es el problema.

—¿Cómo?

—Lo has entendido bien, baja el tono y siéntate más lejos.

—Esto es increíble, me insultas y me vacilas. ¡Vienes a mi casa a faltarme al respeto, hijo de puta! ¿Tienes los huevos de venir a decirme que este puto bar es tranquilo? ¡Es mi puto bar! ¡Me cago en vuestra puta suerte! ¡Fuera de aquí, putos maricas!

Landov se levanta y con un gesto, le pide a Azat que se calle. No es momento para concursos de virilidad. Se muestra arrepentido, alaba el bar y le comunica que se marcharán ya mismo, que no quieren problemas, que pagarán y se largarán. Piden la cuenta y se disculpan; «lo sentimos mucho, de verdad». El hombrecillo se aleja, parece satisfecho. Le pide algo a la camarera del vestido negro y regresa con la chica del vestido rojo. Landov deja un billete en la mesa, pero Azat se lo devuelve para sustituirlo por su propio dinero y va al baño antes de salir. El suizo duda; podría esperarlo fuera, pero finalmente decide volver a sentarse. Está más calmado, su voz interior le dice: «Has hecho lo correcto». No ve acercarse al hombrecillo por detrás, con el soplete para encender el carbón de la cachimba que empuña. Landov se gira justo a tiempo para esquivarlo. El metal al rojo vivo le roza la mejilla y lo golpea en el hombro derecho, le hace un agujero en la camisa y le abrasa la piel. Landov grita y lo empuja, y como consecuencia, vuelca algunas sillas y mesas. El hombrecillo se levanta y Landov hace lo propio. La rabia se apodera de este. Le pega. El primer golpe es inexperto; es Perceval atravesando el cráneo del Caballero Rojo con su lanza casi sin darse cuenta. El segundo golpe es más decidido, como el de Quasimodo al tirar a Frolo desde lo alto de la torre de Notre Dame. El tercero es como los siguientes, con ensañamiento. Es pura violencia, es ese momento en el que uno pierde la cabeza a fuerza de degollar la del otro. Como Judith decapitando a Holofernes, liberando a la ciudad con placer carnal, regocijándose, disfrutando como una niña vengativa. Como Arya Stark, hundiendo la hoja de su espada en la carne de sus enemigos. Como la sonrisa de satisfacción y el paso ligero de su hermana Sansa cuando, tras dar la espalda a la celda donde se pudre su verdugo, oye sus gritos de horror entremezclados con los ladridos de los perros famélicos.

Landov deja tras de sí un vestido rojo que grita con desesperación, un vestido negro enmudecido, a Azat, todavía sentado en la taza del váter, y a un cuerpo bañado en sangre con el rostro desfigurado y carente de expresión, la boca entreabierta y los ojos fijos en el techo. En el suelo de baldosas marrones, un diente enrojecido gira sobre sí mismo.

Corre por la acera mojada con la mochila colgando del hombro izquierdo, pierde el equilibrio y se cae. Debe limpiarse y recobrar la compostura. Corre como si buscara algo. Pero ¿qué? Allí: una farmacia abierta en una calle solitaria. Le permiten entrar al lavabo. Está de suerte. Tiene la cara intacta. Se limpia los restos de sangre. Solo le queda un rasguño apenas visible en la frente. En cuanto a la quemadura del hombro, la farmacéutica le recomienda un ungüento que se llama «El Salvador». Le ayuda a aplicarse un apósito. La chica le dice que podría poner una denuncia por agresión, la herida tiene mala pinta. Le pregunta si quiere que llame a la policía, él le responde que con un taxi será suficiente. Intenta borrar la mancha roja que tiñe el zapato derecho. Se cambia, tira la camisa quemada a la basura y se pone una gorra. El águila de dos cabezas brilla bajo la luz amarilla. Se oye una voz:

«Me llamo Landov, llevo al demonio de la mano, no vais a atraparme».

Desaparece en la noche. Un gran gato negro lo sigue.

Kilómetro 5245. Moscú. Son las seis de la tarde. 21 °C. Más de doce millones de hormigas humanas corretean por sus aceras, calles y edificios.

El hosco Mercedes GLC Coupé entra en la capital. Lo conduce un hombre enclenque. A su lado, el copiloto dormita bajo su gorra, evitando así darle conversación. Le escuece el hombro derecho y se nota febril. Tal vez sea por el nerviosismo de los últimos días, que se debilita y se transforma, por una agitación que pierde fuelle, como la de hace una hora, cuando tres policías han parado al Mercedes. Han comprobado la identidad del conductor, su permiso de conducir, la matrícula, el seguro y, por último, le han hecho un comentario sobre el *beatnik* que estaba tendido en el asiento de atrás. Les daba la impresión de que se escondía. Le han llamado la atención. Landov se ha quedado con la mirada fija en el horizonte, ignorando a los policías. Mientras, maldecía al vagabundo para sus adentros, maldecía su pelo sucio y su pervertida filosofía, maldecía al conductor, a la crucecita ortodoxa que llevaba colgando del cuello y a la caridad cristiana que lo había llevado a subir a aquel hombre harapiento y orgulloso de sus harapos. ¿Él, un fugitivo, había conseguido engañar al mundo y a sus perseguidores, había burlado al FSB, se había mimetizado con el paisaje y había recorrido cinco mil kilómetros de carreteras mal asfaltadas sin pestañear y sin titubear, lo habían quemado y había dado una buena lección a aquel capullo, y todo para ser capturado a las puertas de Moscú, delatado por aquella criatura andrajosa de edad incierta que iba a provocar una inspección general de pasaportes y echar por tierra el disfraz de Landov?

Sin embargo, el conductor ha decidido que quería plantar cara a los policías: «Los papeles del vehículo están en regla, ¿qué más quieren? ¿Un soborno? Díganlo, agentes, hablen claro, ¡pedazo de corruptos!». La reprimenda ha sido fructífera. El conductor del coche se ha alejado tras mascullar cuatro palabras malsonantes.

Landov está en Moscú. Él o su usurpador, no se sabe. El disfraz se ha fundido con su piel. El fugitivo no ha dado señales de vida en los últimos diez días. En la embajada francesa de la calle Bolshaya Yakimanka, un teléfono vibra. Una mano temblorosa escribe un mensaje desde una aplicación cifrada.

Mireille: «Qué alivio volver a saber de ti, ¿estás bien?».
Landov: «Sí, estoy en Moscú».
Mireille: «¿Cómo puedo ayudarte?»
Landov: «Lleva al embajador a la cámara anecoica y ponlo al corriente. Veo tres posibles escenarios:

1) Entrar rápida y discretamente en la embajada.
2) Quedar en un sitio tranquilo; mandáis a alguien para que hablemos.
3) Este mensaje nunca ha existido y sigo mi camino».

Mireille: «Te mantengo informado».

Veinte minutos después.

Mireille: «Opción 1. Te esperamos aquí. Entra por la reja del lateral».
Landov: «En diez minutos».

XXII

La prisión dorada

En una de sus novelas, Liudmila Ulítskaya rescata esta carta:

> ¡Buenos días, mi dulce niña!
>
> La puerta acaba de cerrarse tras de mí y me quedo solo, con mi soledad y mis pensamientos. El objetivo: que esta detención se convierta en un pasatiempo interesante. Lo voy a escribir todo, absolutamente todo, porque sé que lo leerás cuando todo pertenezca al pasado y el mismo recuerdo quede revestido de un halo de poesía.

No hay nada en el mundo que no tenga un momento decisivo.

No me lo pensé dos veces. Yo mismo me encerré en una embajada. ¿Por qué? ¿Por obcecación? Conocía a los funcionarios que había a cargo, sus aptitudes, y también sabía qué valor tenía yo: era completamente inútil, inservible, e incluso peligroso para sus respectivas carreras. ¿Qué cabía esperar de mi entrada en la embajada?

¿Acaso mi hombro quemado hizo que me entraran ganas de encerrarme en una jaula? ¿Sería el instinto de un animal herido? Es posible. No obstante, tengo otra hipótesis: el poderoso tropismo de las cárceles. Lo hice por gusto. Me gustan los recintos cerrados, las altas torres y la soledad; son todo un lujo. Para leer y estar tranquilo. Es la historia que empecé a contarme cuando fui consciente de dónde me había metido.

Salí del coche con ingenuidad. Unos gendarmes nerviosos que me esperaban detrás de la reja salieron a la acera. Mireille abrió la puerta y me indicó que entrara. Atravesamos el control de seguridad y después un gran pasillo. Me condujo hacia un pequeño estudio que había junto a las cocinas, justo enfrente de la residencia del embajador. Este me esperaba allí, sentado, flanqueado por el consejero jefe, que guardó silencio mientras tomaba notas de mi relato. Unos golpes en la puerta me interrumpieron. El administrador traía una botella de vino tinto que dejó sobre la mesa. El embajador se lo agradeció y sirvió unas copas. Solo dio un sorbito.

—Mira, nos estás metiendo en un buen lío… Las historias como esta… Se sabe cuándo empiezan, pero nunca cuándo acaban. Estás aquí, vale. Pero no puedo decirte cuándo podrás salir. En un mes, en un año, en diez años… Ya ves. He llamado al ministro. Está en Nueva York, en la Asamblea General de las Naciones Unidas. Lo he convencido de que informe a los rusos. Sin demora. Debes entender que no quiero problemas. Y estoy seguro de que ya lo sabían. La embajada está bajo vigilancia. Lo habrían averiguado enseguida de todas formas. En fin, que los rusos están al tanto. Ahora tenemos que ver si podemos negociar. Están muy enfadados. Esto nos puede salir muy caro… No basta con el apoyo de tus amigos del Muelle de Orsay… Tendremos que ser discretos, te esconderemos. Todo esto podría explotarnos en la cara.

Asentí por cortesía. Estaba aturdido. Había conseguido librarme de las cadenas y allí estaba de nuevo, hundiéndome en el más profundo de los abismos.

Hay un precepto que guía las acciones del Muelle de Orsay: «Ante todo, lo primero es cubrirse las espaldas». Es una máxima que siempre se ha compartido sin pudor e incluso con variaciones, y que ha calado en los cuerpos y en las mentes de sus trabajadores. Oí su versión más acertada en boca de un personaje anodino, alegre y resentido por haber trabajado duro sin obtener el ascenso que deseaba. Lo conocí un día por casualidad en una reunión moscovita, donde escuché cómo enumeraba las tres prioridades de los diplomáticos: «La primera es *cover your ass,* la segunda es ayudarse a uno mismo y, por último, solo de vez en cuando, si estamos en condiciones de hacerlo, servir al Estado». Aseguraba que el reflejo de protegerse uno los cuartos traseros era clave en la lectura geopolítica. Mi llegada a la embajada desencadenó ese acto reflejo: el embajador se había asustado y su pánico se mezcló con el mito de la omnipotencia del servicio de información ruso.

En la confusión del momento, la embajada había advertido de la presencia de un ciudadano francés fugado menos de una hora después de su llegada. Los analistas del FSB estaban encantados. Yo sabía qué habían razonado: dedujeron que estaban en presencia de un grupo de hombres atemorizados e irreflexivos. La vigilancia del edificio no habría podido identificar al invitado entre la afluencia habitual de los visitantes, empleados y residentes. Hasta con unos medios extraordinarios, podría haberles llevado semanas o incluso meses. Empujados por el miedo, su falta de reflexión había resultado en una absoluta incompetencia. Las negociaciones empezaban bien.

Subestimar los puntos fuertes del oponente nos deja expuestos ante el peligro. Sobrevalorarlos nos conduce a las derrotas más lamentables.

En Nueva York, un ministro inseguro se acerca a otro que apaga un cigarrillo. Tienen la misma edad y nada en común. El francés le pide hablar en privado. El ruso lo arrastra junto a los intérpretes hasta una habitación pequeña. Se sientan. Sé cuál es su conversación:

—Le escucho.

—Me gustaría proporcionarle cierta información sobre el caso de Yoann B.

—Ah, sí… ¿Lo han atrapado ya los mongoles? ¿O un oso de las montañas? Por lo que sé, el cadáver no ha aparecido.

—Está en Moscú, el embajador acaba de informarme.

—¿Me está tomando el pelo?

—Por desgracia, no. Se ha refugiado en el recinto de nuestra embajada. Como comprenderá, no podíamos dejarlo fuera. Puedo asegurarle que sentimos mucho esta situación.

—¿Me está diciendo que ha cruzado toda Rusia?

—Eso creo, sí.

—¡Esto debe de ser una broma! Pero ¿quién se ha creído que es ese hombre para escaparse así?

—Le aseguro que es cierto, no tiene nada que ver con el servicio de inteligencia francés. Lamentamos la situación.

—¡Qué locura! Si esto sale a la luz…

—Lo entendemos. Proponemos una negociación discreta que tenga como objetivo la repatriación de nuestro compatriota.

—Muy bien. Vamos a pensárnoslo.

—Gracias.

—Exigiremos una compensación.

—Naturalmente.

—Tengo que hacer un par de llamadas. Que quede bien claro: en cuanto los medios de comunicación revelen el paradero de su hombre, toda negociación secreta será imposible y pasaremos a la confrontación pública.

—Nos hacemos cargo.

Pasé un año en la prisión dorada. Me alojaba en una habitación de quince metros cuadrados con baño privado. Estaba a gusto. Tenía conexión a internet, libros y dos ventanas: la más expuesta a las miradas indiscretas estaba constantemente cubierta por unas cortinas y la otra era la que iluminaba la habitación. El embajador me regaló una bata.

Los primeros días reparé en que la piel quemada no se regeneraba. Me miraba la herida en el espejo; era del tamaño de una moneda, pero más profunda de lo que había imaginado en un principio. Tuve que enseñársela a Mireille, y le conté la inverosímil historia de un accidente doméstico. No me hizo ninguna pregunta y me trajo lo necesario para curármela. Por fin, la herida empezó a cerrarse. Hoy solo me queda una cicatriz con forma de asterisco, como una boca que hace una mueca, que seguramente fue la expresión de mi cara cuando el acero se me clavó en la piel. En ocasiones, me digo que esa pequeña estrella roja parece el símbolo de un ascenso. Me lo había ganado.

Todo sucedió en cuestión de segundos, o tal vez duró un minuto, el tiempo suficiente para que me abrasaran la piel y luego yo la salvara. A veces lo revivo todo en mi mente. Me abalanzo sobre aquel hombrecillo como si fuera mi saco de boxeo. Hago la combinación básica: dos golpes directos y un gancho. Mi mano derecha le roza el pelo, la izquierda se hunde con fuerza en su ojo y, finalmente, el gancho le destroza la cara por completo. Noto cómo el frágil cartílago de la nariz se le rompe con el impacto de mi puño. Las piernas le fallan y se tambalea. Aprovecho su inestabilidad para propinarle unas cuantas patadas. Apunto a la cabeza. Le salta un diente. Me limpio la sangre del zapato en su cuerpo inmóvil.

Yo era más peligroso que él, más peligroso que cualquiera en aquella ciudad. No sé si seguía respirando cuando me fui. Por eso, miro las noticias de Kazán con un nudo en la garganta. Examino detenidamente los periódicos en línea y las páginas de actualidad local. Mi ADN y mis huellas están en los archivos de la policía federal. Si muere, podrán identificarme. Identificarme como asesino.

No me arrepiento. Solo tengo miedo de que lo descubran, nada más. Mi caso se agravaría si lo hicieran. ¿Quién me apoyaría después? Un día, sin poder soportarlo más, me puse en contacto con Azat. Se alegró de saber de mí, su voz me tranquilizó: «No dejaste ningún cadáver, no te preocupes, ese hijo de puta sigue vivo». Me contó que cuando volvió a subir las escaleras, se encontró el charco de sangre y al hombrecillo, y decidió huir de allí. La policía lo identificó al día siguiente. No se preocupó demasiado, ya que la camarera respaldó su inocencia. Me habían estado buscando por todo el barrio. Azat les dijo que yo era alemán y que me llamaba Niemand, es decir, Nadie. ¡Menudo gol les coló! Les dijo que no sabía mucho más y que no tenía mi número de teléfono. La policía le recomendó alejarse por un tiempo, ya que el tal Niemand debía de ser un mafioso y aquel hombrecillo parecía estar implicado en numerosos asuntos turbios. Salió del hospital y todos los testigos lo identificaron también como agresor, por lo que nadie se tomó en serio su denuncia.

La archivaron.

De vez en cuando, miro cómo le va. Encontré su cuenta de Facebook, es muy activo en las redes. Se recuperó. Se mudó, lo metieron en la cárcel, tuvo un hijo y su mujer lo dejó. Me siento como si espiara aquella vida que tropezó por casualidad con la mía. Ayer publicó un mensaje de arrepentimiento donde explicaba que la ira era la responsable de todas sus desgracias y de las que había infligido a los demás. Nos imagino ya reconciliados alrededor de una tetera y una pipa de la paz. Al releer estas líneas, me llega la noticia de que murió más o menos en el momento en que las escribía. Ahogado. No sé si alguien le hundió la cabeza en el agua. Tal vez mis palabras esperaban calmar su dolor.

Mi habitación en la embajada es un remanso de paz. Las primeras semanas, los diplomáticos parecían esperanzados. Tenían una moneda de cambio, un delincuente retenido en alguna parte de la Costa Azul. Pero pronto todo terminó. Los malditos rusos eran un hueso duro de roer y las elecciones en Francia se acercaban. Todos debían ir con cuidado de no moverse demasiado, había que mover ficha con delicadeza. El embajador se planteaba un traslado a China. La administración se oponía, le recordaba que solo le faltaban dos años para jubilarse y que, además, el puesto al que aspiraba era estratégico. A principios del siglo XXI, únicamente contaba el sello del monarca presidencial para este asunto. Siempre había tiempo para un compañero de clase o para un amigo que te invita a pasar las vacaciones, con la condición de que firmara un decreto de nombramiento antes de marcharse.

Solo contadas personas están al tanto de mi presencia en la embajada. Soy como un marqués oculto a quien le entregan la comida. A través de las cortinas capto las luces y los ecos de las fiestas que se celebran al otro lado del patio. Esta noche, el ministro está de visita, el cocinero pasa acompañado del administrador para dejarme un helado de albahaca sobre un lecho de cítricos flambeados con coñac. Nos hacemos amigos enseguida. A menudo vienen a verme tras su jornada laboral, e incluso tengo acceso a la cocina. Empiezo a cocinar y pruebo mis creaciones en buena compañía. Estoy orgulloso de mis berenjenas al vapor marinadas con tomillo, cilantro, aceite y limón. Las acompaño con pepino y dados de pera confitados. Las semillas de sésamo tostadas les dan el toque final. No hay sufrimiento que las alegrías culinarias compartidas no puedan mitigar durante un par de horas.

El vicecónsul me visita todos los viernes. Se ha convertido en nuestro ritual. Sabe que el cocinero me lleva varios postres antes del fin de semana y los comparto con él. Teme que cometa una estupidez, como saltar el muro del recinto para lanzarme a los brazos de la policía. Hoy ha vuelto de la morgue; reconocer el cuerpo de algún francés forma parte de su rutina. Esta vez se trataba de una historia sin mucho misterio: una de las noches locas de la capital había acabado con un joven de veintidós años drogado sin su consentimiento, desvalijado y abandonado en los suburbios de Moscú. Muerto y frío. Mientras se marcha, me repite su habitual mantra: «Sensatez y paciencia, ¿eh?».

Salgo al patio después de medianoche, cuando todos duermen. Camino un poco y fumo. Saludo a las cámaras de vigilancia, al encargado de supervisar las pantallas y al gendarme de guardia. Nunca me responde. Mireille me dijo que cumplen órdenes: ningún contacto conmigo. A veces me pregunto si seré un fantasma. Sin embargo, mis huellas sobre la nieve indican lo contrario.

En la embajada, el tiempo va por libre.

El administrador me cuenta, muy serio, que hay una mujer de blanco que deambula por el recinto. Dice que la vio, y que no es el único. Aparece por la noche y durante el día, atraviesa espejos, puertas y ventanas y se deja ver, aunque nunca dice nada. Igumnov, el propietario del edificio en el siglo XIX, debe de ser el responsable de este fenómeno. Mantenía a una bailarina a la que sorprendió con un oficial de caballería. Después de echar al intruso, tuvo la genial idea de emparedar a la chica a la que amaba. Su amor gozaba de dudosa credibilidad. En mis paseos nocturnos, a menudo llamaba a la mujer de blanco. Nunca vino, tal vez porque Beguemot me llamaba loco y me persuadía para dejar de hacerlo mientras saltaba sobre mi hombro y jugueteaba con mi pelo.

En la embajada, me pierdo y me rompo en pedazos.

Las botellas se amontonan. Mireille suele venir a visitarme por las noches y también me trae cosas. Dispongo de una bodega bastante decente: vino, aguardiente, coñac, un ron espectacular de las Barbados y mi *whisky* escocés favorito. Pedí que me trajeran una guitarra y unos cuantos libros. No me va mal, soy una especie de Platón en pijama y con una borrachera perezosa.

Un domingo al mes, el embajador me invita a tomar algo, siempre con discreción. Comprueba que nadie vigile y atraviesa el patio para dirigirse hasta su residencia. Luego, baja para abrirme y me da un apretón de manos, como de costumbre, a la vez que desvía la cabeza, como si intentara esquivar una mirada, un golpe o algún olor desagradable, nunca lo he sabido. Si obviamos ese movimiento reflejo, nuestras veladas son agradables. El pequeño salón con revestimientos dorados y tapices flamencos es bastante cómodo. Fumamos y bebemos un buen *whisky*, al que añade un chorrito de agua mientras yo sirvo un campari con hielo a su mujer. Después me cuenta que las negociaciones son complicadas. «No te preocupes, nos das mucho trabajo, nosotros hacemos todo lo que está en nuestra mano, nuestro objetivo es el mismo... Al fin y al cabo, mi objetivo es llevarte de vuelta a Francia y no volver a saber nada de Yoann B. Es broma, por supuesto... No quiero malentendidos...». Yo me río por educación. Hablamos de las elecciones, de sus proyectos y del tiempo. Él sufre migrañas y maldice el clima de Moscú y sus bruscos cambios de presión. Se deja llevar y me confía algunas intimidades, como la desgracia de ser un príncipe rodeado de hipócritas. Se muestra sensible, bondadoso, se vuelve de lo más poético cuando habla de los derechos humanos, sondea mi moral o me ofrece su colección de DVD. Su esposa hace lo propio y hasta llega a prestarme su cojín de meditación. En ocasiones, le preocupa lo que yo pueda contar; entonces se sirve otro *whisky* y me invita a hacer lo mismo. Y entonces, llega la hora de la lección: «Un diplomático nunca miente; por ejemplo, cuando en una rueda de prensa un periodista me pregunta por tu desaparición, simplemente digo: "Estamos en contacto permanente con su familia y completamente movilizados." Es una frase muy útil que no supone ningún compromiso».

Un domingo, durante una de nuestras veladas, atravieso el pequeño comedor, subo las escaleras, recorro un pasillo y luego doblo por otro, y me doy cuenta de que me he perdido. No encuentro el baño. Paso por delante de un pequeño despacho que tiene el ordenador encendido. El embajador no ha cerrado la sesión. Abro la bandeja de entrada de su correo. Realizo una búsqueda rápida y me reenvío los mensajes en los que aparece mi nombre. Me cuido de eliminar cualquier rastro de mi intrusión antes de volver a mi sillón y a mi *whisky*.

Una vez en mi habitación, examino los correos sustraídos y descubro ciertos mensajes fechados unos días antes de mi huida de Irkutsk. En ellos, el embajador da la voz de alarma, no entiende qué se traían los rusos entre manos. Escribió lo siguiente: «Me han engañado, Yoann B. será condenado». Advierte de que la situación es delicada: un furioso comité de apoyo amenaza con alzar la voz y un grupo de importantes personalidades podría arremeter contra la diplomacia francesa, el gobierno e incluso el Estado. ¡Había que cubrirse las espaldas! Cada uno aporta su granito de arena: Mireille, el cónsul, el vicecónsul y diversos consejeros unen sus fuerzas para redactar las cuatro páginas de un meticuloso texto titulado «Contraargumentación». En aquel momento, yo me encontraba a las puertas del campo de trabajo y aquellas personas solo tenían un objetivo: construir una cortina de humo para proteger sus carreras. Peleaban por cada centímetro de terreno. Algunos proponían utilizar los rumores empleados por el FSB en la prensa local, las historias de los oligarcas cornudos, ¿por qué no? Cualquier distracción era bienvenida, incluso la más disparatada. No dejarían que nada interfiriera con el buen funcionamiento de sus nombramientos y ascensos. Eran razonablemente optimistas. El silencio enterraría el asunto de Yoann B.

Duermo poco esa noche. De madrugada, me coloco sobre el cojín de meditación. De nada sirve odiar, llorar ni reír. Me limito a seguir las órdenes. Por una vez, Beguemot, que está a mis pies, guarda silencio. Recupera el habla al final del día, cuando el cónsul y el vicecónsul me hacen una visita de cortesía. Ambos vienen a traerme noticias desde Irkutsk. Me cuentan, incómodos, que los suboficiales de allí siguen furiosos. Mi huida es una ofensa. Imagino que los responsables de no haber evitado mi huida en la policía y en el FSB serán castigados. Las juezas se han pronunciado y me han condenado a quince años de campo de trabajo en régimen estricto por desobediencia. «Supongo que ya se lo imaginaba, pero igualmente le afectará». Me quedo en silencio y el vicecónsul considera que debe intervenir: «Sensatez y paciencia, ¿eh?».

Durante meses, doy vueltas en mi jaula dorada sin quitarme la bata. Ignoro el sueño y leo hasta el agotamiento. Estoy en contacto constante con los míos gracias a las aplicaciones de mensajería cifrada. Hablo cada día con Margot y con Bérénice para tranquilizarlas. Mamá, no te preocupes, todavía estoy en pie. Doblar la espalda e inclinar la cabeza ante la realeza no es nada. Espero que llegue mi hora. Me doblo, pero no me rompo. Mi hermano me anuncia el nacimiento de su hija. Me gusta charlar con él, brindamos por la buena noticia sin importar la distancia. Doy un trago al aguardiente de ciruela; lo noto casi crujiente entre los dientes y me inunda el cerebro con una sensación cálida que rápidamente se convierte en ácido puro. ¡Bienvenida, pequeña!

A veces, me hundo. Oigo voces y risas y ya no sé qué es real y qué no. Por ejemplo, esta noche, fumando en el patio, tropiezo con una baldosa suelta y casi me caigo. En ese momento, oigo el grito de Diane al verme perder el equilibrio en los adoquines mal colocados del patio del colegio, en Irkutsk, una mañana de septiembre.

Es el día de la vuelta al colegio. Padres, abuelos y niños se reúnen frente a una tarima llena de gente, todos muy bien vestidos y rodeados de flores y globos. Las niñas llevan peinados con adornos de tul blanco y los niños van con corbata, salvo un puñado, que lleva pajarita. Entre los adultos, destacan un veterano lleno de medallas, algunos padres mal vestidos, con trajes demasiado grandes, pero sobre todo, hay una marea de mujeres de todas las edades que compiten desde sus tacones. Los discursos de los profesores y de la directora del colegio son interminables; sin embargo, la sinceridad que hay detrás de aquella pomposa retórica me conmueve. Estoy inmerso en la Unión Soviética y sus triunfantes territorios, que esconden la esencia rusa —estas palabras no me convencen, las escribo con cierta reticencia—, pero alguien o algo en mí no puede evitar sentir lo que queda de ella bajo ese ritual construido en la época de los peores gulags. La humanidad es fraternal, hermosa e ingenua, está segura de que la bondad es la fuerza colectiva, de que el amor es sencillo, siempre triunfante, y tan infantil como la misma sabiduría. Los micrófonos no están bien ajustados y el sonido se distorsiona, pero no importa. Me conmueven los bailes y los cantos que son la alegría y la ternura de los niños en estado puro. La multitud se alborota y se aparta, ha llegado el momento: el mayor alumno de la escuela, de diecisiete o dieciocho años, cruza el patio, cargando sobre los hombros a la más joven, de cinco años. La niña lleva una campanita. La hace sonar. Todo el mundo está emocionado, yo el primero, y una lágrima me resbala por la mejilla. Doy un paso atrás y mi pie se topa con un adoquín.

Diane grita al verme dar saltos confusos, aunque cómicos, y al sentir mi agitación. Es ese mismo grito el que oigo ante los matones encapuchados de la mañana de febrero en la que me detienen. El mismo que oigo ahora en el patio de la embajada cuando tropiezo con esa maldita baldosa. Al ver que me tambaleo, Mireille, que está fumando conmigo, me sujeta. Me dice que debería caminar más por las noches para no debilitarme y que no me fallen las piernas. Nos sentamos y me sirve una copa de vino que me bebo de un trago mientras ella frota la cuchara contra su plato. El agudo chirrido me transporta al transiberiano, la ilusión es perfecta; oigo el martilleo de un empleado que repara la rueda del tren justo delante de nosotros, Diane se sobresalta y me abraza, se agarra a mí con esas manitas suyas y aprieta la cabeza contra mi vientre. Noto una sacudida. El recuerdo es tan doloroso que escupo el vino. Mireille se asusta y me da una servilleta que tiene la misma rigidez que la que usé para limpiarme un hilo de sangre que me resbalaba por la comisura de los labios en la oficina del comité de investigación, y con esa imagen llega, junto a todas las demás, el sonido de una voz que acaba por destrozarme: «¿Dónde está mi papá? ¿Dónde está mi papá?».

Noto un vacío que me deja sin pensamiento, sin fuerza y sin vida.

XXIII

La desaparición del fantasma

Remedio para la melancolía en tiempos oscuros: elegir una de las canciones de los rojos en la guerra civil y cantarla desde el corazón,

> Oh, pequeñas reinetas, con arándanos y fresas,
> acercaos un poco para que os saque el ojo, burguesas,
> uno os lo voy a sacar y el otro os lo voy a dejar
> para que veáis, niñas malcriadas, ante quién os debéis inclinar.

Toc. Toc. Toc.

No se trataba de los cuatro golpes habituales de Mireille, ni de los dos rápidos del cónsul, ni de los tres toques indecisos del administrador o del cocinero. Eran unos golpes secos, claros y firmes —su ejecución requiere cierta formación—, tres golpes confiados, esos que llevaba meses esperando. Un hombre de hombros anchos entró y me pidió que apagara el teléfono y el ordenador. Corrió las cortinas.

La primera noche la dedicamos a conocernos. Quería dejar claras algunas cuestiones y que estudiásemos juntos la situación, pero, antes que nada, quiso empezar por formalizar un pacto de discreción. Le di mi palabra. Me evaluó y, finalmente, pronunció la palabra *repatriación*. Si asumía el riesgo y si respetaba una serie de normas, entre ellas la confidencialidad, abandonaría la embajada en unos días o, como mucho, en unas semanas, acompañado por dos agentes de la DGSE. Había varias opciones. Me informarían de la elegida en el momento de su ejecución.

—¿Está usted en buena condición física?

—Sí, eso creo.

—¿Se ve capaz de caminar durante un día entero por un terreno irregular?

—Tengo buen aguante.

—Se trata de una ruta de senderismo, ¿entiende? De varios días, ¿ha hecho una alguna vez?

—Sí.

—Muy bien, esa es una de las opciones. Hay otras posibilidades menos exigentes, por carretera o por aire. Tendrá que estar en forma, procure hacer ejercicio estos días, ¿de acuerdo?

—Voy a entrenarme.

—Perfecto. Volveré mañana por la noche con un compañero, todavía nos quedan un par de asuntos pendientes. ¿Alguna pregunta?

Después, cerró la puerta sin hacer ruido.

Toc. Toc. Toc.

Entraron entonces dos hombres bastante parecidos, y cada uno depositó una maleta sobre la cama. Esa noche la dedicamos a las pruebas de vestuario. Sacaron ropa, pelucas, accesorios y una cámara de fotos. Parecía que hubiera llegado el carnaval. Bromeamos. Seguí sus órdenes. Elegimos una peluca canosa, unas lentillas marrones y unas gafas color antracita. «Tiene estilo», se enorgulleció el primero. Le echó un poco de laca, me peinó, dio un paso atrás para valorar el conjunto con expresión experta y dijo: «¡Perfecto!». El segundo me colocó contra la pared, sobre un fondo blanco. Me apuntó con las lámparas y les hizo interminables ajustes hasta conseguir una imagen sin sombras. Ya lo tenían todo listo para hacerme un pasaporte. Ahora, mi personaje necesitaba una profesión; una que ni se acercara ni se alejara demasiado de mi profesión real. Finalmente, decidieron que sería un director de cine en busca de actores rusos. Solo me faltaba inventarme una firma. Me enseñaron que la mejor estrategia es mantener el primer trazo de mi firma habitual y luego añadir uno nuevo, que fuera sencillo e indescifrable. No es fácil hacer una firma diferente a la de uno mismo. El primer trazo suele surgir de forma inconsciente, por costumbre y por la presión del momento. Entonces, el cerebro debe recuperarse: le basta con una fracción de segundo para ordenar a la mano que recuerde el papel que está interpretando. Garabateé unas cuantas hojas con mi nueva firma y mi mano acabó acostumbrándose al trazo, compuesto por una larga línea sinuosa, algunos caracteres sibilinos y una L mayúscula. Ya tenía una nueva identidad.

Ambos me advirtieron de que estaría bajo vigilancia. Si no guardaba el secreto, la operación se cancelaría. Confianza y silencio. Se dispusieron a marcharse. «No se preocupe, estamos aquí para llegar hasta el final». Me soltaron una última broma: «Si no conseguimos solucionar el problema, en el peor de los casos lo haremos desaparecer. Sería una lástima...».

La puerta se cerró sin hacer ruido esa noche.

Las dos semanas siguientes fueron tranquilas. Seguía un plan de entrenamiento estricto y no consumí ni una gota de alcohol. Recibí un mensaje cifrado: se estaban efectuando los preparativos, debía estar listo. Pasó un mes. En Francia eligieron a un nuevo presidente. Lo oí entre el jaleo a veces escandaloso y a veces trémulo de los pasillos, un parloteo habitualmente vacío, la típica cháchara que se desvanece con el humo del tiempo. Nadie parecía preocuparse demasiado. Pasó el segundo mes y, después, el tercero. Los mensajes me repetían que debía tener paciencia y cada vez eran más escuetos, e incluso incómodos. Lo entendía.

No había nada que hacer.

El tiempo se detuvo.

Debía mantener la calma.

Un día, encendí la radio mientras cocinaba un plato de atún rojo con citronela. Adèle y el filósofo invitado acababan de terminar su tertulia y daban paso a las noticias. Hablaban de los planes fallidos del servicio de inteligencia ruso. El locutor explicaba que los herederos del KGB no dudaban en emplear métodos como el *kompromat*. Escuché mi nombre y presté atención: «El director de la Alianza Francesa de Irkutsk fue atacado por mantener presuntas relaciones íntimas con la mujer de un oligarca local». Beguemot echó a reír a carcajada limpia. Ese gato a veces me sacaba de mis casillas.

Mientras tanto, no pasaba nada.

A finales de verano, el embajador se trasladó a China. Los cortesanos que habían jugado bien sus cartas se marcharon hacia otros destinos y los demás volvieron a Francia, decepcionados. Imaginé que la nueva embajadora sería informada de mi presencia y de la de la mujer de blanco. Ella no creía en fantasmas. No tuve la oportunidad de brindar con ella. Me convertí en un espectro, en puro ectoplasma de contornos irreales que ya nadie veía. Seguían entregándome la comida una vez a la semana, probablemente por superstición.

Dos de la mañana. Me vuelvo a cruzar con el gendarme en el patio. Él también está fumando.

—¿Se aloja en el estudio A?

—Sí.

—Vale.

De pronto, se me ocurre que lo he perdido todo en la huida. O casi todo: todavía conservo mis cuadernos verdes de la cárcel. El resto de mis palabras me han sido arrebatadas. El comité de investigación de Irkutsk tiene toda mi vida digital y mis fotos, y mis textos están encerrados en alguna habitación sórdida o puede que incluso, a día de hoy, ya se hayan destruido.

Mis papeles también han desaparecido. En toda mi vida, solo he mantenido unos diarios constantes durante mi estancia en la cárcel y en el hospital psiquiátrico, pero siempre he escrito reflexiones, fragmentos, poemas tristes, relatos obscenos, aforismos, las palabras importantes que la memoria deja escapar y todas esas sensaciones que esta guarda sin palabras en retazos de cartón, en manteles rotos, en billetes de metro, en hojas sueltas o en fotos. Todas estas palabras estaban recogidas en una maleta bajo mi cama. Unos días después de mi llegada a la prisión de Siberia, al temer un nuevo registro, unos amigos fueron a mi apartamento. Aquello parecía un campo de batalla, todo estaba patas arriba. Margot había huido con Diane. Decidieron deshacerse de la maleta con su indescifrable amasijo de palabras por miedo a que algún policía manipulador encontrara algo con que chantajearme. Mojaron los papeles en una bañera hasta que formaron una masa con la que hicieron bolas que tiraron a la basura. Aquellos minúsculos fragmentos solo me interesaban a mí, les tenía un gran aprecio. No consigo deshacerme de una pena ridícula que siento como una mutilación.

«Los manuscritos no se ahogan, ni tampoco se queman», me consuela Beguemot. Me sirve otro vaso de aguardiente de ciruelas.

El día de la fiesta del 14 de Julio, el administrador me avisó de que se hablaba de mí en los pasillos de la embajada, en voz baja y en los mismos términos que de la mujer de blanco. Había pasado casi un año y mi presencia intramuros era un secreto a voces. La situación se volvía peligrosa. Los rusos ya lo habían advertido: si el caso se hacía público, el FSB sitiaría la embajada. Ya no sería posible huir y estaría condenado a una vida en bata de andar por casa, a una eternidad con el bromista gato negro sobre el hombro y con la mujer de blanco muda enganchada al brazo.

Saltó otra alarma. Bérénice y Margot me dijeron que un periodista me seguía la pista. Tristan W. estaba investigando el caso. Era obstinado y le traían sin cuidado las advertencias del Muelle de Orsay. Había viajado hasta Irkutsk, había conseguido meter las narices en la investigación e incluso me había mencionado públicamente ante el presidente ruso y el francés, en Versalles, durante una rueda de prensa. Si hubiera tenido la oportunidad, también habría hablado del *kompromat* y de sus planes fallidos con el líder del Kremlin. Había descubierto la mecánica conspiratoria que estaba en marcha en mi contra, había visto sus engranajes enormes y virtuosos, y sabía dónde me escondía. Guardaba el secreto. Me puse en contacto con él a través de los mensajes cifrados. Quería entrevistarme y grabar un reportaje de televisión. Podía ser mi perdición. Él, en cambio, creía que era el silencio el que me había llevado a mi situación actual. Finalmente acepté, pero yo elegiría la fecha de emisión. Al cabo de unas semanas, aprendí a leer mapas vía satélite y exploraba bosques, montañas, lagos y ríos. Estudiaba las rutas de contrabando, las zonas habitadas por osos, los pueblos remotos, los lugares turísticos y los recorridos de los guardias fronterizos.

Ya he tenido suficiente paciencia, suficiente aflicción, suficiente teatro filosófico. Ya me he cansado de títeres diplomáticos, de payasadas ministeriales y de tonterías de embajadores. Ya es suficiente. El momento pasa ante mis ojos y tengo que aprovecharlo esta misma noche. Que manden a los perros tras de mí, ya no les tengo miedo. Yo mismo soy un perro y un fantasma. Que me encierren durante quince años, que me muerdan o que me disparen. No me importa que me destrocen si mi honor así lo exige. Landov ha regresado, y vuelve a ponerse en marcha.

XXIV

La frontera

¿Alguna vez habéis escuchado *Cacería de lobos* del bardo ruso Vladímir Vysotski? Se convirtió en una canción de culto en los años setenta y el KGB no se lo tomó demasiado bien. Narra la historia de una persecución. La bestia hostigada nota cómo se le quiebran los tendones, la nieve se tiñe de sangre. Enganchadas de los árboles, hay largas cuerdas con banderolas rojas. Normalmente, los lobos no se atreven a atravesar esa frontera imaginaria que huele a humano. Se quedan paralizados ante el obstáculo y son derribados. Esta vez, la bestia acorralada se obliga a cruzar la frontera por primera vez mientras los cazadores corean:

> La cobardía acaba vencida,
> ¡mis ganas de vivir son más fuertes!
> Es el final de la embestida,
> estupefacta grita la gente.

«Yo te doy la señal», insiste Beguemot, encaramado sobre el hombro de Landov.

«¡Huye!».

El mes de noviembre es clemente. Un hombre atraviesa el patio vestido con un traje muy elegante. Luce un enorme bigote napoleónico, unas gafitas de color antracita y un gorro. Pasa el control de seguridad, no se sabe cómo. Son las seis de la tarde y ya es de noche. Una multitud densa y apresurada se dirige hacia el metro, el bus o el tranvía. Landov está exultante; llevaba mucho tiempo sin ver a tanta gente junta. Le resulta incluso más impactante que cuando vio el cielo al salir de la cárcel. La acera es inmensa y la luz es acogedora. Respira como si fuera la primera vez, el corazón le late con fuerza. Un taxi lo espera. Envía un mensaje a su hermana, le dice que está tentando a la suerte, pero que pronto será libre. Ya lo es. El taxi se detiene frente a una de las nueve estaciones de Moscú y esconde el teléfono debajo del asiento. Y, como de costumbre, Landov desaparece en la noche.

A las siete y media de la tarde, enfila la calle Bolshaya Sadovaya. Unas semanas más tarde, sus perseguidores examinarán los vídeos de las cámaras de vigilancia, donde se lo ve con una bolsita de plástico. En la bolsa hay tres teléfonos que acaba de comprar y unas cuantas tarjetas SIM. Se ve cómo entra en el número 10. Más tarde, sale de una cafetería en el 302 bis. No está solo.

Landov se acerca a la pequeña cafetería; allí estará sentada la mujer que busca, lo sabe por las redes sociales. Había visto un evento de Facebook que anunciaba una lectura de poesía a la que ella había indicado que asistiría. Por la ventana divisa la melena rojiza que está esperando, empuja la puerta y su mirada del color del ópalo y de la flor de reseda se clava en él. Marta abre los ojos como platos, cree estar soñando, los de Landov están desorbitados. Se contemplan el uno al otro, sin decir una sola palabra, y sus manos se encuentran.

Su conversación es un misterio.

Uno puede adivinar la escena que tiene lugar en el apartamento 50 del número 10 de la calle Bolshaya Sadovaya. Uno puede, si así lo desea, imaginar cómo Landov baja la falda plisada y la ropa interior de Marta, y cómo hunde la cara entre sus muslos. Están sobre la cama. Ella abre las piernas. Una lengua recorre los pequeños pliegues de su dulce carne, vasta pero delicada, que contiene un pequeño tesoro palpitante, líquido, sutil y dulce como el arroz con leche; lo sorprendió la primera vez que lo probó. Todo el cuerpo de Marta le pide que entre en ella. Él accede. Y mientras ella lo acaricia y lo envuelve, él la posee. Sus nalgas tiemblan bajo las caricias. Unos mechones rojizos rozan la frente del amante y los pechos de ella se restriegan contra su piel. Ella le susurra al oído lo que a menudo le susurraba, hace mucho tiempo, hace casi una eternidad: «Mírame a los ojos». Por fin, ve su auténtica sonrisa; sus cuerpos entrelazados arrasan con todo y sus máscaras se descomponen con el sudor.

Marta insiste, está decidida: lo acompañará hasta la frontera. Al final de la mañana, se va como de costumbre al trabajo, aunque lleva un teléfono de más en el abrigo. Landov pasa el día vagando por las calles de Moscú, preparándose para iniciar su viaje hacia el bosque. El corazón le da un vuelco y siente una opresión en el pecho cada vez que alguien lo mira. Las cámaras de videovigilancia lo captan sentado en un banco hasta que anochece en los Estanques del Patriarca. Una barca surca, ligera, sus negras aguas, se oye el murmullo de los remos y la risa de una mujer. En el cielo, la luna brilla, clara y nítida. Landov se levanta y camina en dirección al número 10 de la calle Bolshaya Sadovaya, donde dormirá solo.

A la mañana siguiente, ya es sábado. Landov se reúne con Marta a las ocho. A las ocho y veinte, las imágenes los muestran saliendo de la estación de metro de Kropótkin. A las ocho y veinticinco, suben a un coche frente a la catedral de Cristo Salvador de Moscú. Se sabe que se reservó el viaje a través de la aplicación BlaBlaCar. A las ocho y media, salen de Moscú. No habrá controles en la carretera. El 4 de noviembre es día festivo en todo el país. Es el Día de la Unidad Nacional.

Pskov. 208 145 habitantes. Es la ciudad donde abdicó el último zar de Rusia, Nicolás II, el 2 de marzo de 1917. Son las seis de la tarde. 4 °C. La frontera con Estonia se encuentra a cuarenta kilómetros de distancia. Llegan a una pensión y reservan una habitación. Cada uno interpreta su papel.

Un trío de San Petersburgo los invita a unirse a su mesa. Paulina toca la guitarra. Brindan y hacen planes para el día siguiente. Su intención era dar un paseo por el bosque juntos, recoger setas, y les habría gustado cazar, pero las armas estaban prohibidas en aquella zona. Todos callan y Paulina comienza a cantar. Su voz, que llena los espacios y los cuerpos, es apenas un susurro que habla de amores imposibles con calma y resignación. Las miradas se encuentran y se pierden. Hay una especie de palpitación en el ambiente.

Los dos cómplices salen de la sauna sobre las once y van a su habitación. La casa duerme. Landov está helado. Tiene las manos congeladas y un nudo en el estómago, como un veneno. Marta se da cuenta y le murmura palabras de amor hasta que lo calma: «Mi sol... Mi corazón... Mi querido». El frío desaparece gracias a sus caricias; entonces, le suelta una frase de película que llevaba preparada: «Te voy a hacer el amor como si fuera la última vez». Es medianoche, ella se desviste. Se ríen.

A las dos de la madrugada, Landov le manda un mensaje a Bérénice con un sencillo mapa y el nombre del pueblo. Entonces, se adentra en el bosque. La frontera está a doce kilómetros, tal vez menos. Landov es libre e implacable; libre de desafiar a aquellos que lo han tenido encerrado durante casi tres años, libre de jugarse la vida y libre de obedecer a su honor. Apenas distingue el cielo entre las ramas. La noche que lo rodea es acogedora y la masa vegetal es como un gran caparazón. Encuentra el primer sendero; tenía razón. ¡Benditos sean los mapas vía satélite! Eso lo tranquiliza. Un pájaro hace agitar las hojas y una frase surge inesperadamente de los labios de Landov, que susurra en la oscuridad: «¡Buenos días, señor Cuervo!». No obtiene respuesta. Todo va de maravilla, se repite continuamente, de maravilla. El GPS funciona, lo lleva en la mano derecha. Con la izquierda, sujeta un puñal con una discreta linterna incrustada en el mango. Entonces, comienza a correr, como la liebre de la fábula, mientras en su cabeza entona un canto.

Se ha informado, no suele haber osos en esa región. El único peligro son los hombres. Rusia y Estonia no se ponen de acuerdo respecto a la frontera que separa ambos países. Los guardias fronterizos no dudarán a la hora de soltar a los perros o de disparar.

Durante mucho rato, todo es fácil, como en un sueño o incluso como en ese tipo de sueño extraordinario que es la literatura. Sin embargo, pronto el sendero comienza a transformarse y a perderse. Ahora Landov se abre paso a través de la densa espesura, se desorienta y vuelve sobre sus pasos. Para seguir avanzando, necesitaría un machete más que un puñal. La maleza le corta el paso. Tiene que ir más rápido para cruzar la frontera antes del amanecer. Se apoya en un árbol, bebe agua y devora una barrita de cereales. Nadie lo oye maldecir. El camino no debe de estar lejos. Tiene que estar por aquí, Landov, justo delante de ti.

Corre por el bosque y cruza una avenida de grandes árboles cuyas copas conforman una especie de arco del triunfo. Su instinto animal detecta una presencia en la oscuridad. Los espesos matorrales comienzan a moverse a su derecha y a su izquierda. Se queda inmóvil. Se encoge, se arrodilla y aguza el oído. Dirige el haz de luz de la linterna hacia los arbustos. Silencio. Sigue caminando y los matorrales vuelven a agitarse a derecha e izquierda. Se oye una respiración y un rugido, y Landov comienza a correr. Las ramas crujen. Algo lo persigue. Se detiene en seco. Un animal mitológico le corta el paso en el sendero: el lobo gris se detiene, gira la cabeza y sus ojos brillantes lo examinan. Finalmente, bosteza y se marcha.

Tiene la sensación de haberse metido en un cuento ruso. El lobo no se lo ha llevado, pero ha estado a punto. Landov nota que lo invade una loca alegría animal; «pero el animal soy yo», piensa el fugitivo. No le sorprendería si en cualquier momento le brotaran unos colmillos, un espeso pelaje grisáceo y unas orejitas puntiagudas. Se encuentra a dos kilómetros de la meta cuando el suelo se transforma bajo sus patas. El manto blando sobre el que caminaba se convierte en una tierra esponjosa y un paisaje tétrico aparece ante sus ojos. Aturdido, mira la pantalla del GPS. Ha leído mal el mapa. A su derecha hay un canal de agua. Ya no puede volver atrás, así que decide avanzar por la ciénaga. Durante dos horas, busca una salida entre la negrura acuosa y helada que le llega hasta la cintura. El GPS deja de funcionar. El pie se le atasca entre unas ramas. El puñal le resbala entre los dedos. Ya no puede recuperarlo. El mundo se convierte en una melaza repugnante. Landov oye el grito de una niña de cinco años. En unas semanas cumplirá ocho. Del bolsillo saca los restos empapados de un barquito de papel azul. Jadea y grita con los ojos desorbitados por la rabia y por el miedo.

Y, de pronto, llega la calma, el hielo y el Baikal. Ya nada se mueve en el pantano. Es largo, o tal vez no. Tal vez Landov se imagina cómo su cuerpo se descompone y sus huesos se pudren en las aguas negras. Está ahí plantado, atrapado entre las plantas del diablo. Se da cuenta de que ya no tiene frío. Se quita los guantes empapados. Recuerda algo que lo transporta a siglos atrás y su boca cansada recita estas palabras:

Hermanos, hombres que nos sobrevivís,
no seáis duros de corazón con nosotros,
pues, si de estos pobres compasión sentís,
Dios la tendrá más pronto de vosotros.

Cuando ya ha recitado las diez décimas y el envío final, se come una onza de chocolate. Forcejea, se tambalea y, al fin, consigue salir de las aguas turbias. Cuando emerge, no está solo. Tres sombras lo siguen en fila india: François Villon, con un puñal en la mano: Jean de La Fontaine, montado sobre un lobo, y un gato negro y gordo que hace una mueca. Beguemot salta y se encarama al hombro izquierdo del fugitivo.

El paisaje se vuelve incierto. Ante él, aparece un vasto montículo de abedules caídos. Landov lo escala. Se resbala, vuelve a ponerse en pie y continúa. Para detenerlo haría falta algo más salvaje que aquello. Solo la muerte podría frenarlo. Saca la brújula y se dirige hacia el oeste. Durante media hora que se le hace eterna, avanza a cielo abierto entre la hierba alta. El corazón le aporrea el pecho. Llega a una torre de vigilancia de madera. No hay nadie allí arriba, pero no se detiene a investigar. Detrás de unos alerces, aparece el río que esperaba encontrar. Se lanza al agua clara. Al otro lado, se erige el cartel que delimita la frontera con Estonia. Lo embarga una sensación de calidez.

Echa un último vistazo a Rusia.

XXV

Epílogo

El reencuentro con Diane

Vladimir Nabokov dijo en una entrevista:

> La única conexión que veo entre un artista y un espía es que ambos observan las cosas y a las personas y conocen la importancia de los detalles. Y el detalle es que todo está ahí.

—En el programa de hoy, nos acompaña Yoann B., ¡buenas noches! Muchas gracias por concedernos esta entrevista en exclusiva. Ha huido de Rusia y ayer por la noche llegó a Francia para contarnos su increíble historia...

Hay cámaras, pero no son de vigilancia. El reportaje se emite, según lo previsto, en el programa *Enviado especial.* Tristan W. está eufórico. Élise L. me hace unas cuantas preguntas.

Un foco me ilumina desde arriba. Es una luz muy blanca. Todo a mi alrededor se torna negro. Es como si me encontrara de nuevo en la ciénaga y fuera un pez. Las focas veloces, desconcertadas, nadan a mi alrededor sin intención de devorarme. Se sumergen en las profundidades en busca de *golomyankas,* unas delicias traslúcidas de aspecto repulsivo, de boca grande y sin escamas. Están compuestos casi en su totalidad de grasa blanquecina. Tanto es así que se derriten si pasan unas horas bajo el sol cuando una tormenta los arrastra a tierra firme. Son tan caníbales que devoran a sus propias crías y tan perfectos que cada día nacen tantos como mueren. Se dice que en el Baikal hay más ejemplares de esta especie que de todas las demás juntas.

Con tristeza pienso que nunca más volveré a comer *golomyanka* ahumado.

Ahora me toca responder a Élise L. ¿Y qué le digo? ¿Que solo importa el instante de belleza en el que la literatura hace la vida más interesante que la propia literatura? Puedo contarle que tuve que atravesar una negra ciénaga con el puñal de François Villon en la mano y con un gato negro llamado Beguemot a mis espaldas, que nunca se separa de mí y que, si te fijas bien, está encaramado sobre mi hombro izquierdo, como un bufón solícito que nunca se sienta sobre la cicatriz que me llevé de Kazán, donde me tomé un té y después le partí la cara a un tipo. Entendedme, acababa de escapar de la cárcel y del hospital psiquiátrico, y en ese momento evoqué a Perceval, a Quasimodo, a Judith de Bethulia y a las hermanas Stark… Perdón, me estoy desviando del tema, en definitiva, hablemos del Baikal, del síndrome del Baikal, ¿os parece?

Me limito a pronunciar unas cuantas palabras audibles. Lo que no se puede hablar, debe escribirse.

Tras la entrevista, nos quedamos un rato bajo las luces. Ya han apagado las cámaras y los micrófonos. Doy las gracias a Tristan W. Ha pasado meses recopilando los detalles del informe de la acusación, siguiendo mi rastro y sacando la verdad a la luz. A él y a mis fieles defensores, les debo el no haber sido completamente aplastado por la mecánica rastrera del *kompromat.* He tenido suerte. Élise L. guarda un asombroso parecido con la directora del hospital psiquiátrico en el que estuve internado; tiene la misma mirada aguda y metódica, los mismos ojos saltones y el mismo tono de voz. Se rumorea que tenía atemorizados a los dirigentes corruptos, que temblaban al verla aparecer en sus despachos con el cámara, el técnico de sonido y un montón nada despreciable de documentos incriminatorios bajo el brazo. Era la pesadilla de los políticos. Bajo la luz de los focos, su rostro parecía el de una deidad protectora, sin duda guerrera y dotada de un poder apaciguador. Por un momento, he dudado en pedirle ayuda. Estoy seguro de que ella habría sido capaz de vigilar cómo duermo, como hacía Svetlana Kirilovna desde el umbral de mi puerta en el reino de los locos.

—¿Sabes? —me dice—. Todavía cabe la posibilidad de que seas un agente del servicio de inteligencia, no puedo evitar pensarlo, hay elementos de la investigación que tal vez…

—Sería un golpe maestro de los servicios franceses —interviene Tristan, el persistente, con los ojos brillantes—, nadie lo hubiera adivinado, ¡habría sido una táctica sublime!

Esta versión de la historia era de lo más atractiva, pero no era la mía. Yo no puedo competir con estas fantasías novelescas. Nos reímos, pero mi respuesta nunca será suficiente para ellos.

—¿Cómo se explica entonces la obstinación de los servicios rusos? —insiste Élise L.

¿Cómo se convierte uno en un fugitivo con una notificación roja de la Interpol y perseguido en ciento noventa y cuatro países?

Encontramos la respuesta más acertada en una película de los hermanos Coen. Al final de *Quemar después de leer,* los agentes de la CIA se deshacen de dos cadáveres, dejan a un hombre en coma y envían a otro a Sudamérica. No pueden explicar por qué. Estos sucesos son consecuencia de una serie de decisiones sin sentido que no entienden la cruel dinámica que alimentan. Con todo, no había nada en juego, solo sus carreras y unas descabelladas operaciones de vigilancia. Cuando acaba la comedia y el espectador está satisfecho, llega el diálogo final, con el que dos responsables del servicio de inteligencia completan la obra:

—¡Joder, la madre que nos parió!

—¿Qué hemos aprendido, Palmer?

—No lo sé, señor.

—Joder, yo tampoco. Supongo que no volverá a hacerlo, aunque no sé qué coño hemos hecho…

—Sí, señor. Es difícil saberlo

—¡Joder, la madre que nos parió!

Arrestaron a Marta unos meses después. Me lo esperaba. Fue ella quien decidió llevar su teléfono personal hasta la frontera, no pudo pasar desapercibida. Los investigadores le informaron inmediatamente de una rueda de prensa que di a mi regreso. Mis declaraciones se habían traducido y analizado. Con ellas, mandé un mensaje al FSB: si querían que el caso se mantuviera en la sombra, como yo, debían dejar a mis amigos en paz; yo tomaría medidas para protegerlos, no me quedaría callado si alguno de ellos estaba en peligro. Me escucharon. Marta podía estar tranquila, nadie iba a atacarla. Solo necesitaban asegurarse de que los servicios franceses no estaban detrás de mi fuga, porque ¿quién era yo exactamente? Me invitaron a aclarar algunos puntos con calma y confianza mutua. No aprobaban lo que habían hecho sus colegas de Irkutsk, que eran los responsables de este lío; ellos pertenecían a un nivel superior, ellos eran *los buenos.* Marta quedaría en libertad, por supuesto. Podía cooperar por voluntad propia… o ir a la cárcel, siempre encontrarían algún motivo. Sería una lástima.

Margot tuvo la mala suerte de aterrizar en Moscú el día de mi huida. Fue por casualidad, desconocía mis planes. Pero como las casualidades no existen, la interrogaron. Me dijo que los agentes del FSB chapoteaban en el fango muy a su pesar, impresionados por cómo había conseguido escapar. Parecían salidos de una obra de teatro. Me recomendó una película para que me hiciera una idea de la situación. Después de haberles dado las indicaciones que necesitaban, los investigadores le enseñaron a Margot las imágenes de mi salida de la embajada. Esta me identificó y los otros se quedaron satisfechos. Margot se rio de mí por teléfono, me dijo que estaba ridículo con bigote.

Con la ayuda de dos embajadoras, establecí diálogo con Rusia. Les di a los agentes del FSB los detalles de mi fuga, el punto exacto por el que crucé la frontera y todos los elementos que acabarían de completar sus minuciosos informes. A cambio, ellos se mostrarían clementes y yo sería el único que debía responder ante la justicia. En cuanto a mi primera huida, no aporté ningún tipo de información. Ellos tampoco insistieron.

Marta me contó que había un asunto que preocupaba a los rangos más altos: les obsesionaba la idea de que escribiera un libro, lo cual me llenaba de satisfacción. Eso quería decir que eran hombres cultos y temían el poder de la palabra.

El FSB me brindó un gran servicio. Tras el secuestro y la destrucción de mis documentos, era libre. Libre de mis palabras, de mis propósitos inútiles y me habían purgado para siempre.

Un día, en la celda 645, me entregaron unos cuadernos verdes. Cogí uno y escribí en la portada el título siguiente: *En la prisión de Siberia.*

Tengo que ir terminando. Diane me llama. Sabe que estoy escribiendo algo más que la ficción de un escritor que se dedica a escribir. No me invento nada, ella lo sabe, pero tengo una petición suya a la que he accedido. Cuando le pedí permiso para utilizar su nombre, reflexionó y se le ocurrió que en el libro le gustaría llamarse Diane. Es un nombre simple y bonito. Acababa de leerse un cuento cuya protagonista se llamaba Diane: era segura, fuerte, no se dejaba engañar con facilidad, se enfrentaba a sus enemigos, corría por los bosques y vivía con animales salvajes.

Los mitos y los nombres no son propiedad de nadie, cada uno recorre a su manera su propia odisea ilegible. Nos contamos historias que evocan vidas confusas, las nuestras y las de otros, y cada frase es una lanza de Télefo que abre una herida para después cerrarla. En definitiva, nos enfrentamos a la vida con algunos ases en la manga. Y si hay miles de palabras, habrá también miles de ases.

Diane me mira con intensidad, y en este instante creo que yo también la miro del mismo modo. Cuando faltan las palabras, la memoria de la piel siempre permanece.

Apoya su cabeza en mi vientre, como hacía, y como hizo el primer día. Me toca la cara; echa de menos un poco de barba, la recordaba más densa. Diane me aparta a Beguemot del hombro. Piensa mucho en el Baikal, así que habrá que mencionarlo para no olvidarlo.

Podríamos empezar por ahí, Diane, ¿qué te parece? Habrá un inmenso lago, tan grande como un país. Lo llamaremos Baikal.

Principal de los Libros le agradece la atención
dedicada a *En la prisión de Siberia,* de Yoann Barbereau.
Esperamos que haya disfrutado de la lectura
y le invitamos a visitarnos
en www.principaldeloslibros.com,
donde encontrará más información
sobre nuestras publicaciones.

Si lo desea, también puede seguirnos
a través de Facebook, Twitter o Instagram
utilizando su teléfono móvil
para leer los siguientes códigos QR: